WISSEN FÜR DIE PRAXIS

Weiterführend empfehlen wir:

BTHG-Umsetzung – Eingliederungshilfe im SGB IX
ISBN 978-3-8029-7349-9

Finanzielle Hilfen für Menschen mit Behinderung
ISBN 978-3-8029-4168-9

Das richtige Hilfsmittel für mich
ISBN 978-3-96186-7589-9

Weitere Titel unter: www.WALHALLA.de

Wir freuen uns über Ihr Interesse an diesem Buch. Gerne stellen wir Ihnen zusätzliche Informationen zu diesem Programmsegment zur Verfügung.
Bitte sprechen Sie uns an:

E-Mail: WALHALLA@WALHALLA.de
http://www.WALHALLA.de
Walhalla Fachverlag · Haus an der Eisernen Brücke · 93042 Regensburg
Telefon 0941 5684-0 · Telefax 0941 5684-111

Ralf Hauner

Schwerbehindertenausweis erfolgreich beantragen

Setzen Sie Ihre medizinischen, sozial- und arbeitsrechtlichen Ansprüche durch

2., aktualisierte Auflage

WALHALLA Rechtshilfen

Bibliografische Information der Deutschen Nationalbibliothek
Die Deutsche Nationalbibliothek verzeichnet diese Publikation in der Deutschen Nationalbibliografie; detaillierte bibliografische Daten sind im Internet über www.dnb.de abrufbar.

Zitiervorschlag:
Ralf Hauner, Schwerbehindertenausweis erfolgreich beantragen
Walhalla Fachverlag, Regensburg 2024

Hinweis: Unsere Werke sind stets bemüht, Sie nach bestem Wissen zu informieren. Alle Angaben in diesem Buch sind sorgfältig zusammengetragen und geprüft. Durch Neuerungen in der Gesetzgebung, Rechtsprechung sowie durch den Zeitablauf ergeben sich zwangsläufig Änderungen. Bitte haben Sie deshalb Verständnis dafür, dass wir für die Vollständigkeit und Richtigkeit des Inhalts keine Haftung übernehmen.
August 2024

Produktion: Walhalla Fachverlag, 93042 Regensburg
Printed in Germany
ISBN 978-3-8029-4175-7

Inhaltsverzeichnis

Vorwort

Ihr Weg zum Schwerbehindertenausweis

Plötzlich auftretende Ereignisse wie Krankheiten, Unfälle etc. können Behinderungen zur Folge haben. Diese bringen für die betroffenen Menschen sowohl im Berufsleben als auch in ihrem privaten Umfeld erhebliche Veränderungen und ggf. Nachteile mit sich.

Aufgrund der grundgesetzlichen Bestimmung, dass die Bundesrepublik Deutschland ein Sozialstaat ist (Art. 20 GG), bemüht sich der Staat, mit vielfältigen Gesetzen und Maßnahmen die Teilhabe von behinderten Menschen am gesellschaftlichen Leben und ihnen ein selbstbestimmtes Leben zu ermöglichen, indem er Nachteile abmildert oder ausgleicht.

In diesem Sinne wurden zahlreiche Rechte zugunsten von behinderten Menschen in Gesetzen und Verordnungen festgeschrieben. Der vorliegende Ratgeber unterstützt Sie umfassend auf Ihrem Weg zur Anerkennung einer Schwerbehinderung und letztlich zur Ausstellung eines Schwerbehindertenausweises.

Die Versorgungsämter haben den gesetzlichen Auftrag, das Anerkennungsverfahren entsprechend dem Sozialgesetzbuch IX durchzuführen. Entscheidend für Sie ist es, den Antrag zur Anerkennung einer Behinderteneigenschaft klug und umfassend vorzubereiten und abzufassen. Das Ergebnis der ärztlichen Begutachtung durch das Versorgungsamt, das über den Grad der Behinderung und die Anerkennung von Behinderungsmerkzeichen entscheidet, richtet sich nach den von Ihnen eingereichten und dokumentierten ärztlich bescheinigten Erkrankungen.

Das Ergebnis des Verwaltungsverfahrens ist die Ausstellung eines Schwerbehindertenausweises. Welche Vergünstigungen bzw. Rechte verschafft der Ausweis nun dem Antragsteller? Ist es immer sinnvoll, einen Antrag zu stellen? Wie ist der Antrag auf Anerkennung der Behinderung zu stellen? Diese und alle anderen wichtigen Fragen werden im vorliegenden Buch ausführlich dargestellt.

München, im Juli 2024
Ralf Hauner

Abkürzungen

BTHG	Bundesteilhabegesetz
BU	Berufsunfähigkeit
DSGVO	Datenschutz-Grundverordnung
EStG	Einkommensteuergesetz
GdB	Grad der Behinderung
GdS	Grad der Schädigung
IfSG	Infektionsschutzgesetz
KSchG	Kündigungsschutzgesetz
MdE	Minderung der Erwerbsfähigkeit
MZ	Merkzeichen
SBV	Schwerbehindertenvertretung
SchwbAwV	Schwerbehindertenausweisverordnung
SGB	Sozialgesetzbuch
SGB I	Sozialgesetzbuch – Erstes Buch (Allgemeiner Teil)
SGB V	Sozialgesetzbuch – Fünftes Buch (Gesetzliche Krankenversicherung)
SGB VI	Sozialgesetzbuch – Sechstes Buch (Gesetzliche Rentenversicherung)
SGB VIII	Sozialgesetzbuch – Achtes Buch (Kinder- und Jugendhilfe)
SGB IX	Sozialgesetzbuch – Neuntes Buch (Rehabilitation und Teilhabe von Menschen mit Behinderungen)
SGB X	Sozialgesetzbuch – Zehntes Buch (Verwaltungsverfahren)
SGB XI	Sozialgesetzbuch – Elftes Buch (Soziale Pflegeversicherung)
SGB XII	Sozialgesetzbuch – Zwölftes Buch (Sozialhilfe)
SGB XIV	Sozialgesetzbuch – Vierzehntes Sozialgesetzbuch
UN-BRK	Behindertenrechtskonvention der Vereinten Nationen
VersmedV	Versorgungsmedizinverordnung
WHO	Weltgesundheitsorganisation

1.

Krankheit und Behinderung

1 Wie werden „Krankheit“ und „Behinderung“ definiert?

Es existiert bislang keine allgemeingültige bzw. eindeutige Definition der Begriffe „Krankheit“ und „Behinderung“.

Nach der Definition der Weltgesundheitsorganisation (WHO) ist Krankheit ein „gestörter Zustand vollkommenen körperlichen, seelischen und sozialen Wohlbefindens“. Diese Beschreibung ist für die Begriffe „Krankheit“ und „Behinderung“ wenig hilfreich. Nach dieser Auslegung stellt sich automatisch die Frage: Wer ist in unserer Gesellschaft überhaupt noch gesund?

Im Bereich der Krankenversicherung (SGB V) wird Krankheit als ein „regelwidriger, körperlicher, geistiger oder seelischer Zustand“ beschrieben. Regelwidrig ist nach dem SGB V ein Gesundheitszustand, der von der durch das Leitbild des gesunden Menschen geprägten Norm abweicht.

Die WHO hatte 1980 auf der Grundlage von Überlegungen des englischen Arztes P. Wood mit der ICIDH (= International Classification of Impairments, Disabilities and Handicaps) ein Klassifikationsschema der Behinderung entwickelt, das grundsätzlich zwischen den drei Ebenen der Schädigung (Impairment), der Fähigkeitsstörung (Disability) und der Beeinträchtigung (Handicap) unterschied:

- Impairment: Gesundheitsschaden auf körperlicher, geistiger oder seelischer Ebene, daraus resultierend
- Disability: funktionelle Einschränkungen: Einschränkung von Funktionen und Fähigkeiten, die für die Verrichtungen und die Bewältigung des täglichen Lebens erforderlich sind, z. B. Einschränkung der Mobilität, der Denk- und Lernfähigkeit
- Handicap: soziale Beeinträchtigung in verschiedenen Lebensbereichen (Arbeit, Beruf, Gesellschaft) als Folge des Gesundheitsschadens und der funktionellen Einschränkung

Das Übereinkommen der Vereinten Nationen über die Rechte von Menschen mit Behinderungen (UN-Behindertenrechtskonvention), welches als innerstaatliches Recht am 26.3.2009 in Kraft getreten ist, verfolgt nach dessen Art. 1 Satz 1 den Zweck, den vollen und gleichberechtigten

Genuss aller Menschenrechte und Grundfreiheiten durch alle Menschen mit Behinderungen zu fördern, zu schützen und zu gewährleisten und 1
die Achtung der ihnen innewohnenden Würde zu fördern.

Was sagt das Gesetz zur Definition einer Behinderung?

§ 2 SGB XI Begriffsbestimmungen

(1) $_{1}$Menschen mit Behinderungen sind Menschen, die körperliche, seelische, geistige oder Sinnesbeeinträchtigungen haben, die sie in Wechselwirkung mit einstellungs- und umweltbedingten Barrieren an der gleichberechtigten Teilhabe an der Gesellschaft mit hoher Wahrscheinlichkeit länger als sechs Monate hindern können. $_{2}$Eine Beeinträchtigung nach Satz 1 liegt vor, wenn der Körper- und Gesundheitszustand von dem für das Lebensalter typischen Zustand abweicht. $_{3}$Menschen sind von Behinderung bedroht, wenn eine Beeinträchtigung nach Satz 1 zu erwarten ist.
(2) Menschen sind im Sinne des Teils 3 schwerbehindert, wenn bei ihnen ein Grad der Behinderung von wenigstens 50 vorliegt und sie ihren Wohnsitz, ihren gewöhnlichen Aufenthalt oder ihre Beschäftigung auf einem Arbeitsplatz im Sinne des § 156 rechtmäßig im Geltungsbereich dieses Gesetzbuches haben.
(3) Schwerbehinderten Menschen gleichgestellt werden sollen Menschen mit Behinderungen mit einem Grad der Behinderung von weniger als 50, aber wenigstens 30, bei denen die übrigen Voraussetzungen des Absatzes 2 vorliegen, wenn sie infolge ihrer Behinderung ohne die Gleichstellung einen geeigneten Arbeitsplatz im Sinne des § 156 nicht erlangen oder nicht behalten können (gleichgestellte behinderte Menschen).

Abs. 2 bezieht sich auf den zweiten Teil des SGB IX, der sich mit der Schwerbehinderung beschäftigt.

§ 2 SGB IX wurde durch das Bundesteilhabegesetz (BTHG) vom 29.12.2016 teilweise geändert und die entsprechenden Regelungen traten ab dem 1.1.2018 in Kraft.

Im damaligen Gesetzesentwurf der Bundesregierung zum SGB IX wurde ausdrücklich darauf hingewiesen, dass eine förmliche Fest-

1 stellung der Behinderung und ihres Grades nur für folgende Leistungen von Bedeutung ist:

- besondere Hilfen der Teilhabe Schwerbehinderter am Arbeitsleben
- Nachteilsausgleiche

Beachten Sie Einzelheiten zu den Ihnen zustehenden Leistungen in diesem Kapitel und in Kapitel 6.

In der Regierungsbegründung wurde darüber hinaus erwähnt, dass eine förmliche Feststellung nur dann erfolgen muss, wenn die Schwerbehinderung nicht offensichtlich ist.

Leistungen und sonstige Vergünstigen für schwerbehinderte Menschen werden im Wesentlichen allerdings nur bei Vorlage eines Schwerbehindertenausweises gewährt.

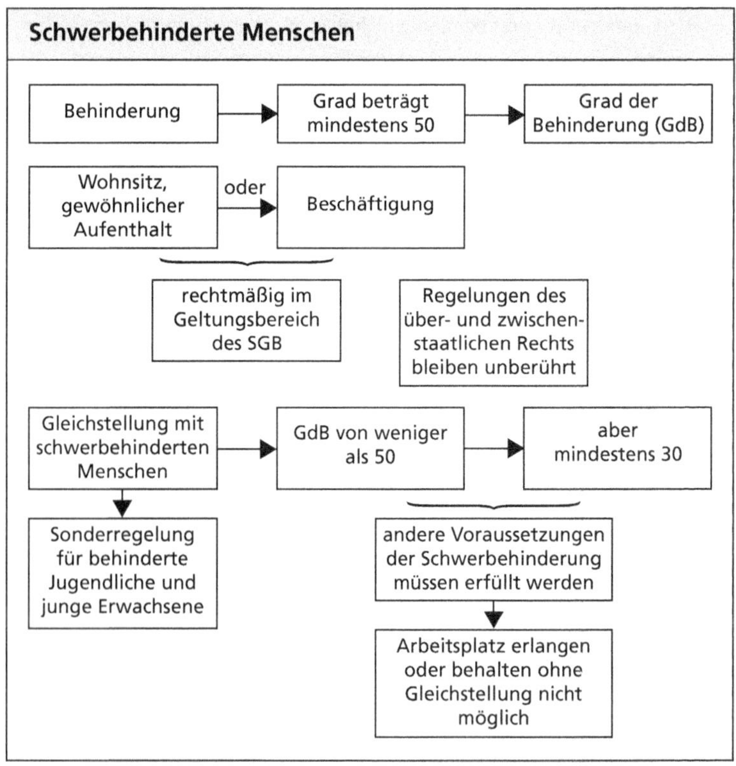

Begriff „schwerbehinderte Menschen“

Das Schwerbehindertengesetz wurde mit dem Inkrafttreten des SGB IX zum 1.7.2001 zunächst als dessen Teil 2 in das Gesetz (§§ 68 ff.) eingeordnet; seit dem 1.1.2018 sind die Regelungen in Teil 3 des SGB IX (§§ 151 ff.) enthalten. Die Regelungen entsprechen im Wesentlichen inhaltsgleich dem früheren – bis zum 30.6.2001 geltenden – Schwerbehindertengesetz in der Ausgestaltung durch das Gesetz zur Bekämpfung der Arbeitslosigkeit Schwerbehinderter vom 29.9.2000 (BGBl. I S. 1394).

Grundvoraussetzung für den Eintritt der Schwerbehinderteneigenschaft ist zunächst das Vorliegen einer Behinderung im Sinne des § 2 Abs. 1 SGB IX, die mit einer erheblichen Schwere der Behinderung, nämlich einem Grad der Behinderung (GdB) von wenigstens 50 einhergeht. Der GdB setzt entsprechend der Legaldefinition des Abs. 1 in jedem Fall voraus, dass die körperlichen, geistigen oder seelischen Beeinträchtigungen oder Sinnesbeeinträchtigungen in Wechselwirkung mit einstellungs- und umweltbedingten Barrieren an der gleichberechtigten Teilhabe an der Gesellschaft den betroffenen Menschen mit hoher Wahrscheinlichkeit länger als sechs Monate hindern können. Der GdB ist unabhängig vom ausgeübten oder angestrebten Beruf zu beurteilen und besagt somit nichts über die Leistungsfähigkeit am Arbeitsplatz; rechtlich ohne Bedeutung für den GdB ist daher auch ein aufgrund der Behinderung etwa eingetretener Lohn- oder Gehaltsverlust.

Die Bestimmung des Begriffs „schwerbehindert“ in § 2 Abs. 2 SGB IX baut auf Abs. 1 auf, stellt jedoch zusätzlich auf eine erhebliche Schwere der Behinderung ab. Menschen sind hiernach im Sinne des Teils 3 des SGB IX (§§ 151 ff.) schwerbehindert, wenn bei ihnen ein GdB von wenigstens 50 vorliegt und sie ihren Wohnsitz, ihren gewöhnlichen Aufenthalt oder ihre Beschäftigung auf einem Arbeitsplatz im Sinne des § 156 SGB IX rechtmäßig im Geltungsbereich dieses Gesetzbuchs haben.

Abs. 2 in der seit dem 1.1.2018 geltenden Fassung beinhaltet ausschließlich redaktionelle Folgeänderungen für den Personenkreis schwerbehinderter Menschen, die sich aus der Neustrukturierung des

SGB IX ergeben (vgl. Gesetzesbegründung in BT-Drucks. 18/9522 S. 227
1 zu § 2 Begriffsbestimmungen).

Nach der Legaldefinition des Abs. 2 sind Menschen schwerbehindert,

- wenn bei ihnen mit hoher Wahrscheinlichkeit länger als sechs Monate ein GdB von wenigstens 50 vorliegt und
- sie ihren Wohnsitz oder gewöhnlichen Aufenthalt rechtmäßig im Geltungsbereich des SGB IX haben oder
- sie ihre Beschäftigung auf einem geeigneten Arbeitsplatz im Sinne des § 156 SGB IX haben.

Wohnsitz oder gewöhnlicher Aufenthalt im Geltungsbereich des SGB IX

Nach § 30 Abs. 3 Satz 1 SGB I hat jemand dort einen Wohnsitz, wo er eine Wohnung unter Umständen innehat, die darauf schließen lassen, dass er die Wohnung beibehalten und benutzen wird. Nach § 30 Abs. 3 Satz 2 SGB I hat einen gewöhnlichen Aufenthalt jemand dort, wo er sich unter Umständen aufhält, die erkennen lassen, dass er an diesem Ort oder in diesem Gebiet nicht nur vorübergehend verweilt. Entscheidend sind also die tatsächlichen Verhältnisse.

Wie kommen Behinderungen zustande?

Die Kreissäge im Betrieb oder bei einem häuslichen Unfall trennt einen Finger ab, ein Sturz von einem Gerüst oder einer Leiter verursacht einen Wirbelkörperbruch mit Querschnittslähmung, ein Gegenstand springt ins Auge, Folge: Erblindung. Man spricht von Unfällen. Bei Unfällen in der Freizeit oder bei Verkehrs- oder Betriebsunfällen können sich die unterschiedlichsten Verletzungen ergeben, z. B. Verwundungen, Quetschungen, Verbrennungen oder Knochenbrüche. Die Verletzungen sind häufig äußerlich gut sichtbar. Schwierig wird es, wenn der Verletzte bewusstlos ist, z. B. aufgrund innerer Verletzungen an Organen wie etwa einem Leberriss.

Trotz schneller Hilfe und sofortiger Versorgung kann sich ein langwieriger Heilungsprozess ergeben und unterschiedlichste Unfallfolgen wie Taubheit, Sehminderung oder Gehbehinderung zurückbleiben. Die aus den Verletzungsfolgen resultierenden bleibenden Funktionsstörungen gelten als Behinderungen oder Schwerbehinderungen im Sinne des SGB IX. 1

Infektionserkrankungen

Infektiöse Erkrankungen werden in den häufigsten Fällen problemlos überstanden. Die meisten dieser Erkrankungen, wie eine saisonale Bronchitis, Darminfekte usw., heilen ab und hinterlassen im Normalfall keine bleibenden Schäden.

Es kann allerdings vorkommen, dass ein rheumatisches Fieber im Kindesalter Herzklappenschäden und somit eine Herzfunktionsstörung oder häufige Bronchitis oder Bronchiektasen (krankhafte Erweiterungen der Atemwege) und damit eine Lungenfunktionsstörung als Behinderung zur Folge haben.

Bis heute ist unklar, ob bestimmte bakterielle oder virale Infektionen später degenerative Gelenkerkrankungen verursachen.

Eine große Zahl von infektiösen Erkrankungen wie Tuberkulose, Borreliose, Aids, Pocken, Cholera, Rinderwahn, COVID-19 etc. können zu schweren Organfunktionsstörungen und bleibenden Behinderungen führen.

Organische Erkrankungen

Unter organischen Erkrankungen versteht man die strukturelle Schädigung von Organen (z. B. Herz, Lunge, Leber, Gehirn) mit der Folge von Funktionseinschränkungen, die sich für den Patienten in Form von Beschwerden oder sogar Behinderungen, für den behandelnden Arzt durch Krankheitssymptome wie Angina pectoris (Schmerzattacken bei koronarer Herzkrankheit), Atemnot, Schmerzen oder Lähmung äußern.

Die einzelnen Organe im Körper sind nicht autonom, sie unterliegen übergeordneten Steuerungen durch Nerven und Hormone. Somit wirkt sich z. B. eine Behinderung bei der Sauerstoffaufnahme in der Lunge bei Lungenfibrose nachteilig auf Gehirn, Herz, Nieren etc. aus.

Stoffwechselstörungen wie erhöhte Fette oder Harnsäure im Blut, Diabetes mellitus oder die weniger bekannten Stoffwechselprodukte wie Amyloid, Alkapton und Homocystein können ebenfalls sekundäre krankhafte Beeinträchtigungen verursachen, wie beispielsweise Herzinfarkt, Blindheit, Gefäßverschlüsse und diverse Entwicklungsstörungen, die zu schweren Behinderungen führen können.

Beeinträchtigungen von Steuerungsfunktionen

Störungen der Steuerungsfunktionen von hormonproduzierenden Drüsen (wie Wachstumsstörungen, Unfruchtbarkeit, Basedow, Cushing-Syndrom), des Nervensystems (Multiple Sklerose, Polyneuropathie), der blutbildenden Organe (Leukämie, Blutgerinnungsstörung, Blutarmut) und des Immunsystems (Infektanfälligkeit, Aids) sind für zahlreiche folgenschwere Erkrankungen verantwortlich.

Hierzu gehören auch allergische Reaktionen, die teilweise so intensiv und verstärkt auftreten können, dass sie eine Erwerbsminderung bewirken (z. B. Mehlallergie bei Bäckern) und als Behinderung gelten.

Manche Krankheiten und damit teilweise auch Behinderungen werden durch den Patienten durch eine unvernünftige Lebensweise bzw. Ignoranz gegenüber präventiv-ärztlichen Mahnungen, z. B. der Teilnahme an Vorsorgemaßnahmen verschuldet. Heutzutage ist jedem bekannt, dass Nikotinsucht und selbst das Passivrauchen zum Herzinfarkt führen können, übermäßiger Alkoholkonsum zur Leberzirrhose (Leberschrumpfung) und Rauschgiftabhängigkeit zu psychischem Versagen.

Zu wenig Bewegung ist für unseren Körper auf Dauer schädlich. Die physische Belastung im Betrieb wurde uns im Laufe der letzten Jahrzehnte teilweise von Maschinen abgenommen, unterwegs sind wir häufig mit dem Auto. Zu Hause suchen wir Erholung vor dem Fernseher in einem bequemen Sessel – Erholung von Stress, keineswegs von schwerer körperlicher Arbeit.

Bei uns Menschen ist genetisch verankert, dass wir uns täglich in einem bestimmten Mindestumfang bewegen sollten. Wenn diese Mindestmenge an Bewegung unterschritten wird, kann es in der Folge zur Unterforderung und Degeneration der sogenannten Versorgungsorgane unserer Muskulatur (Blutversorgung, nervliche und hormonelle Störung) kommen. Deshalb gilt Bewegungsmangel auch als Risikofaktor. Koronare Herzkrankheiten und Herzinfarkte können trotz Dilatation (therapeutische Gefäßerweiterung), Stents oder Bypass zu einer Herzminderleistung und Behinderung oder gar zum Tod führen.

Man kennt heute viele sogenannte Risikofaktoren, die – oder deren Zusammentreffen – später zu Krankheiten und Behinderungen führen können. Infarktrisiken und Übergewicht wurden bereits als Beispiele erwähnt. Durch Rauchen kann es zu arteriellen Gefäßverschlüssen in den Beinen kommen. Die „Raucherbeine" sind mit Schmerzen und Gehbehinderung verbunden. Durch Bypässe kann eine Amputation nicht immer abgewendet werden.

Es ist oft erstaunlich, wenn der keuchende Asthmatiker immer noch am Glimmstängel hängt oder nach dem zweiten Herzinfarkt die ärztlichen Mahnungen immer noch als Unsinn abtut.

Körperliche Anomalien aus der Kindheit

Durch Schutzimpfungen soll dafür gesorgt werden, dass schlimme Infektionskrankheiten verhindert werden. Zahlreiche Empfehlungen der Kinderärzte zu den Bereichen Ernährung, Erziehung, Vitaminangaben, Sport etc. helfen, eine gesunde körperliche und geistige Entwicklung des Kindes zu ermöglichen und insbesondere Entwicklungsschäden (z. B. Knochendeformitäten durch Vitamin-D-Mangel, Blutarmut, Infektfolgen etc.) und somit späteren Schwerbehinderungen vorzubeugen.

Viele spätere Behinderungen resultieren aus der Unkenntnis körperlicher Anomalien, die bereits im Kindesalter vorhanden sind, jedoch noch nicht in Erscheinung treten. Als Beispiel seien die bei schulärztlichen Untersuchungen diagnostizierten Wirbelsäulendeformitäten (Skoliosen) zu nennen. Diese Schädigungen der Wirbelsäule bedürfen einer entsprechenden Heilgymnastik oder einer Therapie im Bereich der Sportmedizin.

Schweres Heben und Tragen aus eigener Kraft (Industrie, Handel und Transportwesen) ist mit einer konstitutionell bedingten Wirbelsäulendeformität nicht vereinbar. Der Patient wird in vielen Fällen früher oder später arbeitsunfähig (z. B. nach Hexenschuss, Lumboischialgie – Schmerzen durch Druck auf die Nervenwurzel, Bandscheibenvorfall). Danach folgen zwangsläufig der Antrag auf Anerkennung einer Schwerbehinderung und später häufig der Antrag auf Frühverrentung. Die gesetzliche Jugendschutzuntersuchung durch den Hausarzt vor

Beginn der Berufsausbildung bringt nur sehr selten verborgene Anomalien zu Tage.

Berufliche Belastungen

Einseitige berufliche Belastungen werden häufig nicht beachtet. Wenn schon ein Elternteil z. B. an Venenthrombose litt und bei der Tochter während der Schwangerschaft Krampfadern in Erscheinung treten, ist ein stehender Beruf wie Verkäuferin denkbar ungünstig, vor allem wegen der Gefahr venöser Stauungen in den Beinen mit möglichen Folgen wie Venenentzündung, Thrombose oder einem „offenen Bein".

Einseitige berufliche Belastungen treffen natürlich Personen mit Krankheitsvorschädigungen noch härter. „Steter Tropfen höhlt den Stein" – dieses Prinzip gilt auch in der Medizin. Die Halswirbelsäule wird beispielsweise durch die Bildschirmarbeit beruflich einseitig stark belastet.

Wichtig: Jeder sollte für sich und seine berufliche Karriere eine frühzeitige Prävention (Vorbeugung) von Krankheiten bzw. Behinderungen betreiben.

Wenn jemand seine Arbeitsleistung im Betrieb – um seinen Arbeitsplatz zu erhalten – permanent steigern muss, gerät er irgendwann in die Situation der Überforderung mit den Folgen psychischer und körperlicher Erschöpfung, Krankheit und Behinderung.

Man benötigt für permanent gute Leistungen, insbesondere solche, die mit Karrierebestrebungen verbunden sind, eine gute physische und psychische Verfassung. Systematische Gesundheitspflege und -kontrollen sowie Präventivsport sind die Grundlage für Dauerleistungen und für die Vorbeugung von Krankheit und Behinderung.

Prävention ist wichtig

Gesundheit ist nicht selbstverständlich. Als kostbarsten Wert unseres Lebens müssen wir sie pflegen, dann ermöglicht sie es uns auch, ein gesundes und aktives Leben zu führen. Falsch ist hingegen die Auffassung, dass der Sozialstaat oder die Krankenkasse bei einem bereits eingetretenen „gesundheitlichen Schadensfall" mit medizinischer und sozialer Zuwendung ohne Rücksicht auf Kosten helfen oder die gesetzliche Rentenversicherung durch eine noch rechtzeitige Rehabilitation eine Behinderung oder Frühverrentung aufschieben kann.

Warum also auf gesundheitliche Schäden warten und diese dann teuer reparieren lassen, wenn man sie vorbeugend verhindern kann und sich dabei viel Leid und Kosten erspart?

Genetisch bedingte oder angeborene Schäden

Nicht nur schwerbehinderte Unfallopfer begegnen uns im Alltag, sondern auch Behinderte, die durch angeborene bzw. genetische Schäden körperlich entstellt sind oder nur schwer oder gar nicht kommunizieren können.

Zwar macht die Genforschung große Fortschritte. Diese werden in den humangenetischen Sprechstunden in die Praxis umgesetzt. Man kann sich in solchen Sprechstunden von Spezialärzten beraten lassen. Zum anderen tut die Rekonstruktionschirurgie ihr Bestes.

Demgegenüber steht jedoch eine große Zahl von Produkten in Form von neuen chemischen Substanzen, Medikamenten, Konservierungs-, Spritz- und Düngemittel etc. mit unbekannter und/oder ungeprüfter Wirkung auf unsere Gene.

Ist eine Behinderung vermeidbar?

Die Prävention von Gesundheitsstörungen bzw. Krankheiten hat sich trotz der umfassenden Versorgung durch unseren Sozialstaat zu einem diskussionswürdigen Thema entwickelt.

In der Praxis bedeutet das u. a. die Teilnahme an Krebsvorsorge und Check-up-Untersuchungen im Sinne der Primärprävention. Die Teilnahmequoten der gesetzlich Krankenversicherten sind hierbei zwischen Männern und Frauen sehr unterschiedlich, wobei Frauen diese Angebote deutlich häufiger in Anspruch nehmen.

Die Sekundärprävention dient der Aufdeckung und Therapie von Risikofaktoren (z. B. Herzinfarkt, Schlaganfall, Nierenerkrankungen) und Behandlung von Krankheiten im Frühstadium. Hierzu haben Sie als gesetzlich Krankenversicherter freie Arztwahl unter den zugelassenen Vertragsärzten.

Die Tertiärprävention umfasst vor allem die Rehabilitationsmaßnah-
1 men der Rentenversicherungsträger, um sozusagen in letzter Minute Erwerbsunfähigkeit oder Frühverrentung zu verhindern bzw. hinauszuzögern.

Der behandelnde Arzt hat rehabilitationsbedürftige Erkrankungen im Einzelfall rechtzeitig zu erkennen und die individuell erforderlichen Maßnahmen zur Rehabilitation anzuzeigen.

Die Erkenntnis über Bedeutung und Stellenwert der Prävention von Behinderungen und Schwerbehinderungen kann allerdings nicht einfach mit Vorbeugung von Krankheiten gleichgestellt werden. Die soziale Komponente für die Gesellschaft rückt immer stärker in den Mittelpunkt. Bei der Prävention von Behinderungen werden nicht nur erhebliche Kosten für die medizinische Versorgung eingespart, sondern auch die sozialen Folgekosten für die Behinderten. Die Präventivmaßnahmen müssten dementsprechend auch den Bereich der Verhältnisprävention umfassen (z. B. Schul- und Betriebsmedizin, Genforschung etc.) und die Patienten in ihren Lebenswelten abholen.

Unterschiedliche Begriffe der Leistungsminderung

Krankheiten bzw. Gesundheitsschäden sind häufig mit unterschiedlichen Folgen für den Betroffenen als auch für die sozialen Einrichtungen verbunden. Die nachfolgenden Begriffe von Krankheitsfolgen besser zu verstehen, ist nicht nur für den Antragsteller, sondern für jeden Bürger von Bedeutung.

Arbeitsunfähigkeit, Dienstunfähigkeit

Arbeitsunfähigkeit ist ein Begriff aus dem Arbeits- und Sozialrecht. Eine Arbeitsunfähigkeit liegt vor, „wenn ein Arbeitnehmer aufgrund von Krankheit seine zuvor ausgeübte Tätigkeit nicht mehr oder nur unter der Gefahr der Verschlimmerung der Erkrankung ausführen kann" (§ 2 Abs. 1 Arbeitsunfähigkeitsrichtlinie des G-BA).

Hintergrund

Das einfache Vorliegen einer Erkrankung ist nicht gleichbedeutend mit Arbeitsunfähigkeit. Sie muss die Ausübung der Tätigkeit beeinträchtigen. Die Beurteilung der Arbeitsunfähigkeit basiert aber auf den Bedingungen der bisherigen Tätigkeit, nicht darauf, ob der Arbeitnehmer noch in der Lage ist, andere, ggf. leichtere Tätigkeiten auszuüben.

Arbeitsunfähigkeit liegt auch vor, wenn aufgrund eines reduzierten Gesundheitszustandes absehbar ist, dass eine weitere Ausübung der Tätigkeit negative Folgen für die Gesundheit hätte, die dann unmittelbar eine Arbeitsunfähigkeit hervorrufen würden.

Die Arbeitsunfähigkeit und ihre voraussichtliche Dauer müssen dem Arbeitgeber unverzüglich angezeigt werden. Dauert die Arbeitsunfähigkeit länger als drei Kalendertage, muss sie gegenüber dem Arbeitgeber durch ein ärztliches Attest in Form einer Arbeitsunfähigkeitsbescheinigung nachgewiesen werden. Bei gesetzlich Versicherten gilt diese Nachweispflicht auch gegenüber der Krankenkasse. Die Arbeitsunfähigkeitsbescheinigung muss dem Arbeitgeber spätestens an dem Arbeitstag vorliegen, der dem dritten Tag der Arbeitsunfähigkeit folgt. Ist dieser Tag arbeitsfrei, kann das Attest am nächsten Werktag eingereicht werden. Auf Verlangen des Arbeitgebers muss der Nachweis ggf. früher erbracht werden.

Die Beurteilung der Arbeitsunfähigkeit setzt die Befragung der oder des Versicherten durch den behandelnden Arzt zur aktuell ausgeübten Tätigkeit und zu den damit verbundenen Anforderungen und Belastungen voraus. Das Ergebnis dieser Befragung bietet die Grundlage dafür, ob und wie lange eine Arbeitsunfähigkeit besteht. Zwischen der Krankheit und der dadurch bedingten Unfähigkeit zur Fortsetzung der ausgeübten Tätigkeit muss ein kausaler Zusammenhang erkennbar sein.

Dienstunfähig können nur Beamte, Soldaten etc. sein. Dienstunfähigkeit liegt vor, wenn diese wegen Krankheit nicht in der Lage sind, ihren Dienst zu verrichten.

Leistungsminderung

Unter Leistungsminderung wird generell die Verringerung von vorhandenem Potenzial verstanden. Dieser Begriff wird in verschiedenen Bereichen verwendet und bezieht sich immer auf einen Schwund von ursprünglichem Leistungsvermögen bzw. der Leistungsfähigkeit im Erwerbsleben.

Minderung der Erwerbsfähigkeit (MdE)

Die MdE richtet sich danach, wie sehr die infolge des Versicherungsfalls eingetretene Minderung des körperlichen und geistigen Leistungsvermögens eines Versicherten seine Arbeitsmöglichkeiten einschränkt. Ist die Erwerbsfähigkeit durch mehrere Versicherungsfälle gemindert, wird die MdE für jeden Versicherungsfall gesondert festgestellt, und dementsprechend werden mehrere Renten gezahlt. Der Grad der MdE wird in Prozent angegeben.

Zu den Schädigungsfolgen gehören auch funktionell bedeutungslose Gesundheitsstörungen, die keine MdE bedingen.

Die Regelungen im Sozialgesetzbuch XIV sind übrigens auch dann maßgebend, wenn es um Rentenansprüche von Opfern von Gewalttaten angespr

Grad der Behinderung (GdB)

Das Ausmaß der Behinderung wird mit dem Grad der Behinderung (GdB) bemessen. Er ist eine Wertung für körperliche, seelische, geistige und soziale Auswirkungen von bleibendem Schaden nach Gesundheitsstörungen.

Berufsunfähigkeit (BU)

Dieser Begriff gilt für zugebilligte Frührenten ab dem 1.1.2001, wenn Antragsteller mit teilweiser Erwerbsminderung vor dem 2.1.1961 geboren wurden (Übergangsregelung), außerdem auch für die vor dem 1.1.2001 zugebilligten Berufsunfähigkeitsrenten.

Erwerbsunfähigkeit

In der gesetzlichen Rentenversicherung wurde mit Wirkung ab 1.1.2001 die Bezeichnungen „Erwerbsunfähigkeit“ und „Berufsunfähigkeit“ geändert. Die Begriffe wurden zusammengefasst und in „teilweise“ bzw. „volle Erwerbsminderung“ umgewandelt. Die entsprechenden Inhalte der Begriffe wurden ebenfalls mit gravierenden Umgestaltungen der

Voraussetzungen für entsprechende Frührenten geändert. Näheres dazu im Abschnitt „Leistungen zur Teilhabe“. 1

Wichtig: Aus dem GdB/MdE-Grad ist nicht auf das Ausmaß der Leistungsfähigkeit im Erwerbsleben zu schließen. GdB und MdE sind grundsätzlich unabhängig vom ausgeübten oder angestrebten Beruf zu beurteilen, es sei denn, dass bei Begutachtungen im sozialen Entschädigungsrecht ein besonderes berufliches Interesse berücksichtigt werden muss.

Die Anerkennung von teilweiser oder voller Erwerbsminderung durch einen Rentenversicherungsträger oder die Feststellung einer Arbeitsunfähigkeit oder Dienstunfähigkeit erlaubt keine Rückschlüsse auf den GdB-Grad, wie umgekehrt aus dem GdB-Grad nicht auf die genannten Leistungsvoraussetzungen anderer Rechtsgebiete geschlossen werden kann.

Leistungen zur Teilhabe

Im Rahmen der Sozialpolitik werden behinderte Menschen besonders gefördert. Sie ist bemüht, auch Behinderten die Grundvoraussetzungen für eine Integration wie z. B. individuelle Behindertenrechte, berufliche Ausbildung, besonderen Bestandsschutz des Arbeitsplatzes, Milderung finanzieller Not etc. zu ermöglichen.

Allein die Eingliederung in das Arbeitsleben erleichtert es behinderten Menschen bereits, sich in der Gesellschaft zu behaupten und eine Existenz aufzubauen. Die angestrebte Integration oder Wiedereingliederung ist dann erreicht, wenn sie dem behinderten Menschen langfristig ein menschenwürdiges Leben sichert, das er so weit wie möglich selbst und eigenverantwortlich führen kann.

Die sozialen Ansprüche sind seit 1975 im Sozialgesetzbuch (SGB) zusammengefasst. Das Schwerbehindertengesetz wurde am 1.7.2001 in das SGB IX unter der Bezeichnung „Rehabilitation und Teilhabe behinderter Menschen“ integriert. Mit der Einführung des Bundesteilhabegesetzes zum 1.1.2018 wurden die Vorschriften teilweise neu gefasst und angepasst. Es regelt das amtliche Verfahren zur Feststellung einer Behinderung und des Grades der Behinderung sowie die gesundheitlichen Voraussetzungen für die Inanspruchnahme von Nachteilsausgleichen auf Grundlage einer ärztlichen Begutachtung und der Ausstellung eines Behindertenausweises.

Die Hilfe der Gemeinschaft für behinderte Menschen ist ein Beispiel für praktizierte soziale Gerechtigkeit im Alltag. Man geht selbstverständlich davon aus – da es um die Gesundheit, das höchste Gut eines jeden, geht –, dass die Betroffenen, falls sie dazu in der Lage sind, bereits selbst alles unternommen haben, um Krankheitsfolgeschäden, z. B. durch ärztliche Behandlungen, Operationen und stationäre rehabilitative Maßnahmen, abzuwenden. Hierzu gehört auch eine Änderung der Lebensführung.

Das Anerkennungsverfahren einer Schwerbehinderteneigenschaft ist relativ unbürokratisch und für jedermann überschaubar. Die dadurch gewonnenen Schutzrechte und Leistungsansprüche haben den Zweck, wirtschaftliche, soziale und berufliche Nachteile durch eine krankheitsbedingte Behinderung auszugleichen.

1

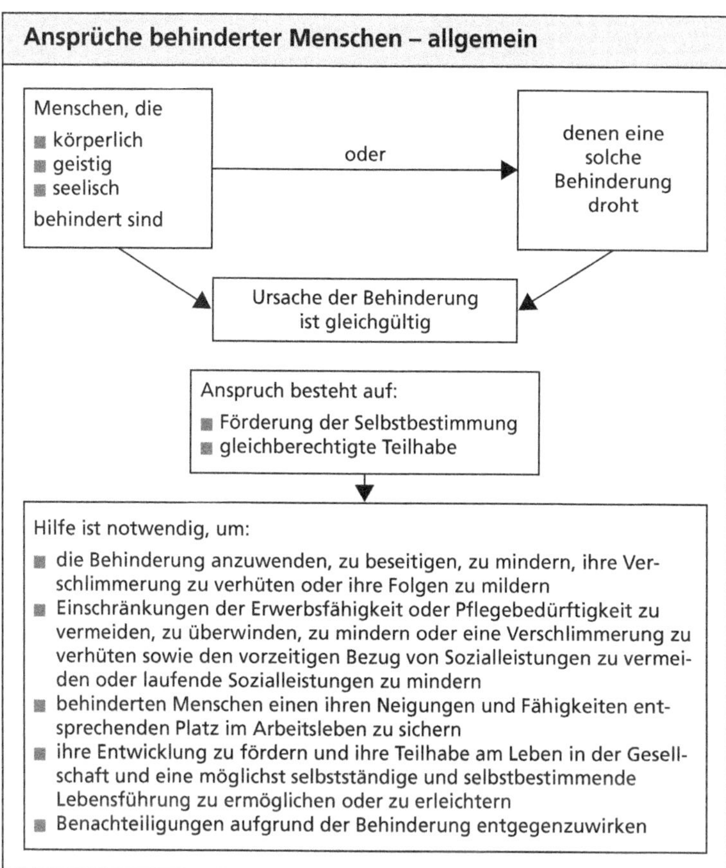

Nach § 9 SGB IX haben die Leistungen zur Teilhabe Vorrang vor Rentenansprüchen. Gleichzeitig ist aber zu beachten, dass die Leistungen zur Teilhabe auch Behinderten sowie von Behinderung bedrohten Menschen zustehen. Dabei ist allerdings nicht Voraussetzung, dass eine Schwerbehinderung vorliegt, beantragt oder anerkannt ist.

1

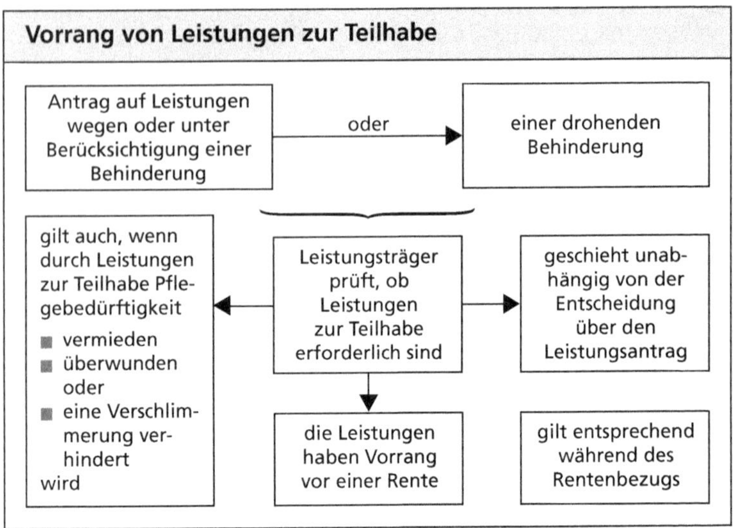

Die Leistungen zur Teilhabe werden nicht von einem einzigen Leistungsträger erbracht. Vielmehr gibt es eine Vielzahl von Leistungsträgern, die entsprechend der für sie geltenden Vorschriften für die einzelnen Leistungsarten zuständig sind.

Zur medizinischen Rehabilitation von Menschen mit Behinderungen und von Behinderung bedrohter Menschen werden die erforderlichen Leistungen erbracht, um

1. Behinderungen einschließlich chronischer Krankheiten abzuwenden, zu beseitigen, zu mindern, auszugleichen, eine Verschlimmerung zu verhüten oder
2. Einschränkungen der Erwerbsfähigkeit und Pflegebedürftigkeit zu vermeiden, zu überwinden, zu mindern, eine Verschlimmerung zu verhindern sowie den vorzeitigen Bezug von laufenden Sozialleistungen zu verhüten oder laufende Sozialleistungen zu mindern.

Um diese Ziele zu erreichen, sieht das Gesetz in § 42 SGB IX zahlreiche Leistungen zur medizinischen Rehabilitation vor.

1

Leistungsgruppen der Leistungen zur Teilhabe und zuständige Rehabilitationsträger

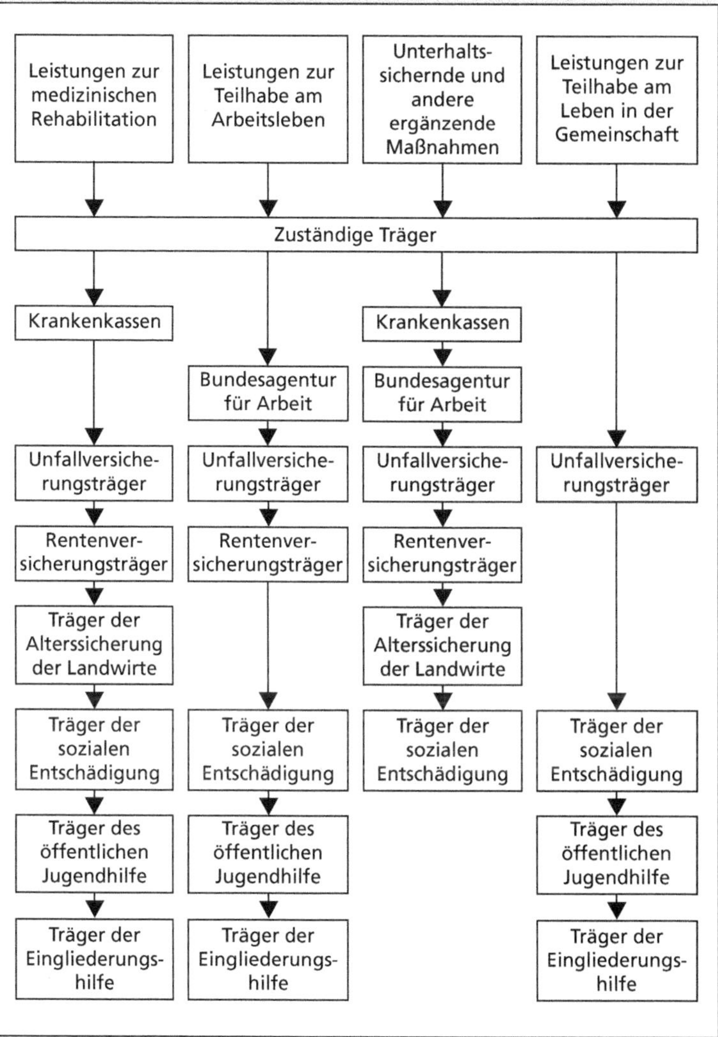

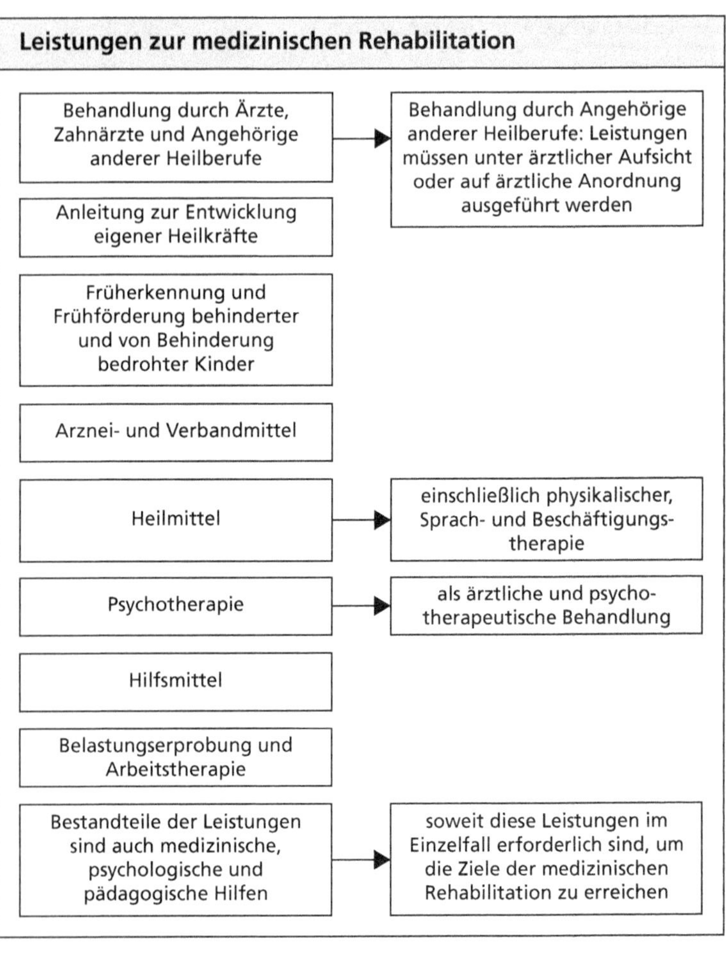

Die Leistungen zur Teilhabe am Arbeitsleben wurden früher als berufsfördernde Maßnahmen oder auch als Umschulungsmaßnahmen bezeichnet. Heute sind diese Leistungen darauf ausgerichtet, Arbeitsplätze zu erhalten oder zu erlangen. Im folgenden Schaubild finden Sie eine Übersicht der Leistungsinhalte.

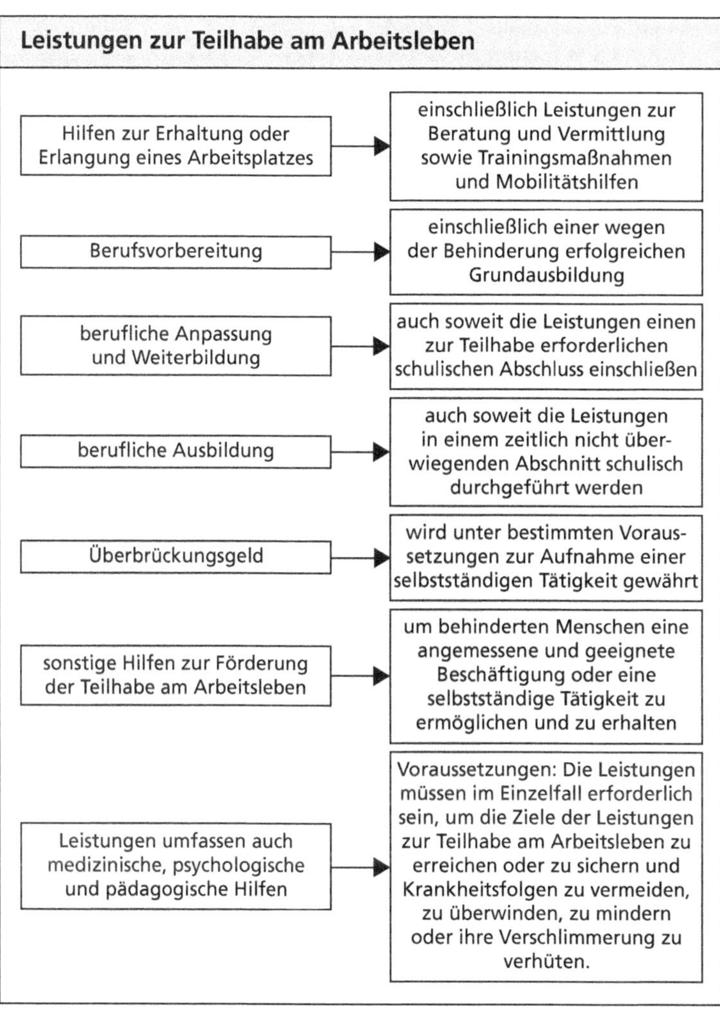

Leistungen zur Teilhabe bedürfen immer der Zustimmung des Leistungsberechtigten. Sie sollen im Übrigen den Leistungsberechtigten möglichst viel Raum zu eigenverantwortlicher Gestaltung ihrer Lebensumstände lassen und ihre Selbstbestimmung fördern.

1 Die Leistungsberechtigten haben auch die Möglichkeit, durch Wünsche und die Ausübung von Wahlrechten die Leistungsgewährung wesentlich zu beeinflussen.

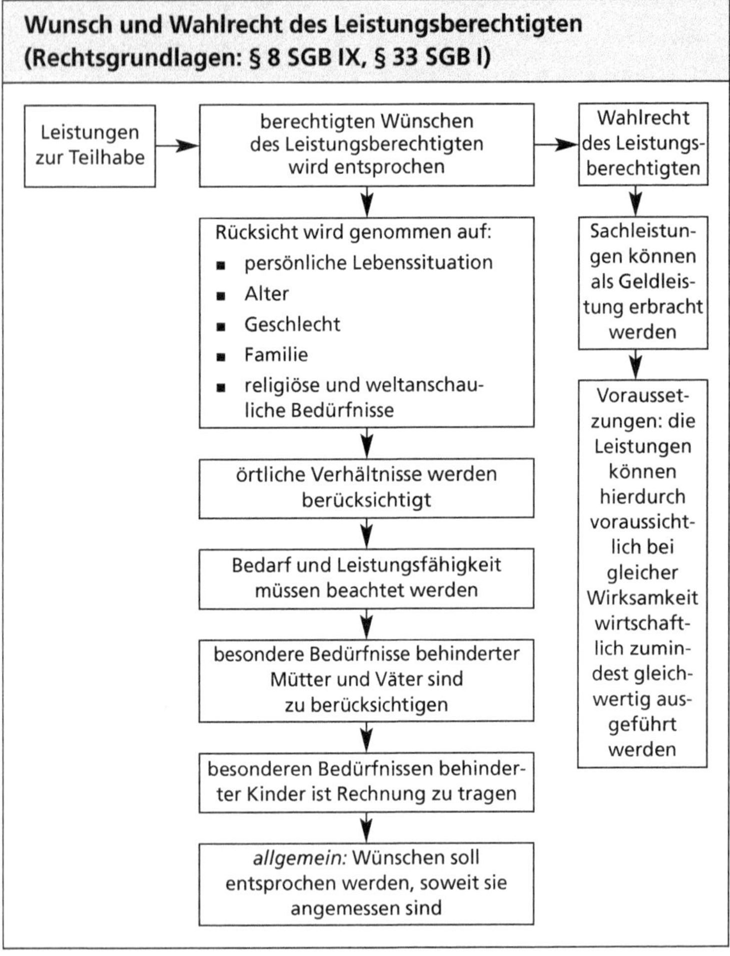

Leistungen zur Teilhabe können auch in Werkstätten für behinderte Menschen erbracht werden. Die Werkstatt für behinderte Menschen ist

eine berufliche Rehabilitationseinrichtung. Sie soll es den behinderten
Menschen ermöglichen, ihre Leistungsfähigkeit zu entwickeln, zu er- 1
höhen oder wiederzugewinnen und ein dem Leistungsvermögen angemessenes Arbeitsentgelt zu erreichen. Grundsätzlich besteht ein Aufnahmeanspruch des behinderten Menschen. Mindestvoraussetzung für die Aufnahme in eine Werkstatt für behinderte Menschen ist allerdings, dass erwartet werden kann, dass der behinderte Mensch ein Mindestmaß an wirtschaftlich verwertbarer Arbeitsleistung erbringen wird.

§ 219 SGB IX Begriff und Aufgaben der Werkstatt für behinderte Menschen

(1) $_1$Die Werkstatt für behinderte Menschen ist eine Einrichtung zur Teilhabe behinderter Menschen am Arbeitsleben im Sinne des Kapitels 10 des Teils 1 und zur Eingliederung in das Arbeitsleben. $_2$Sie hat denjenigen behinderten Menschen, die wegen Art oder Schwere der Behinderung nicht, noch nicht oder noch nicht wieder auf dem allgemeinen Arbeitsmarkt beschäftigt werden können,

1. eine angemessene berufliche Bildung und eine Beschäftigung zu einem ihrer Leistung angemessenen Arbeitsentgelt aus dem Arbeitsergebnis anzubieten und
2. zu ermöglichen, ihre Leistungs- oder Erwerbsfähigkeit zu erhalten, zu entwickeln, zu erhöhen oder wiederzugewinnen und dabei ihre Persönlichkeit weiterzuentwickeln.

$_3$Sie fördert den Übergang geeigneter Personen auf den allgemeinen Arbeitsmarkt durch geeignete Maßnahmen. $_4$Sie verfügt über ein möglichst breites Angebot an Berufsbildungs- und Arbeitsplätzen sowie über qualifiziertes Personal und einen begleitenden Dienst. $_5$Zum Angebot an Berufsbildungs- und Arbeitsplätzen gehören ausgelagerte Plätze auf dem allgemeinen Arbeitsmarkt. $_6$Die ausgelagerten Arbeitsplätze werden zum Zwecke des Übergangs und als dauerhaft ausgelagerte Plätze angeboten.

(2) $_1$Die Werkstatt steht allen behinderten Menschen im Sinne des Absatzes 1 unabhängig von Art oder Schwere der Behinderung offen, sofern erwartet werden kann, dass sie spätestens nach Teilnahme an Maßnahmen im Berufsbildungsbereich wenigstens ein Mindestmaß wirtschaftlich

verwertbarer Arbeitsleistung erbringen werden. $_{2}$Dies ist nicht der Fall bei behinderten Menschen, bei denen trotz einer der Behinderung angemessenen Betreuung eine erhebliche Selbst- oder Fremdgefährdung zu erwarten ist oder das Ausmaß der erforderlichen Betreuung und Pflege die Teilnahme an Maßnahmen im Berufsbildungsbereich oder sonstige Umstände ein Mindestmaß wirtschaftlich verwertbarer Arbeitsleistung im Arbeitsbereich dauerhaft nicht zulassen.

(3) $_{1}$Behinderte Menschen, die die Voraussetzungen für eine Beschäftigung in einer Werkstatt nicht erfüllen, sollen in Einrichtungen oder Gruppen betreut und gefördert werden, die der Werkstatt angegliedert sind. $_{2}$Die Betreuung und Förderung kann auch gemeinsam mit den Werkstattbeschäftigten in der Werkstatt erfolgen. $_{3}$Die Betreuung und Förderung soll auch Angebote zur Orientierung auf Beschäftigung enthalten.

Bedingt Frührente die Schwerbehinderteneigenschaft?

Die Anerkennung einer Schwerbehinderung ist keinesfalls Voraussetzung dafür, dass ein Anspruch auf eine Frührente besteht.

Allerdings kann die Ankerkennung einer Schwerbehinderung dazu beitragen, dass die medizinischen Voraussetzungen der Frührente erfüllt werden. Unter Frührente versteht man eine Rente, die vor Erreichen der sogenannten Regelaltersgrenze gewährt wird.

Sechs von zehn Arbeitnehmern gehen heute in Deutschland vor Erreichen der Regelaltersgrenze in Rente. Dies hat entweder gesundheitliche Gründe, da sie die bisherige Tätigkeit nicht mehr ausüben können, oder persönliche. Seit einigen Jahren ist in Deutschland die „Rente ab 67“ Wirklichkeit geworden. Seit 1.1.2012 wird die bisherige Regelaltersgrenze schrittweise angehoben.

Bei den Frührenten unterscheidet man zwei Gruppen:

- die Renten wegen verminderter Erwerbsfähigkeit
- die vorzeitig gewährten Altersrenten

Anspruchsvoraussetzungen für Renten wegen verminderter Erwerbsfähigkeit			
Rentenart	Rente wegen teilweiser Erwerbsminderung	Rente wegen voller Erwerbsminderung	Rente für Bergleute
Leistungseinschränkung	teilweise Erwerbsminderung	volle Erwerbsminderung	verminderte bergmännische Berufsfähigkeit
Wartezeit	5 Jahre	5 oder 20 Jahre	5 Jahre vor Eintritt der verminderten Berufsfähigkeit
	Versicherter ist wegen Krankheit oder Behinderung auf nicht absehbare Zeit außerstande, unter den üblichen Bedingungen des allgemeinen Arbeitsmarktes mindestens 6 Stunden täglich erwerbstätig zu sein	Versicherter ist wegen Krankheit oder Behinderung auf nicht absehbare Zeit außerstande, unter den üblichen Bedingungen des allgemeinen Arbeitsmarktes mindestens 3 Stunden täglich erwerbstätig zu sein	Vermindert berufsfähig sind Versicherte, die wegen Krankheit oder Behinderung nicht imstande sind, die von ihnen ausgeübte knappschaftliche Beschäftigung und eine andere wirtschaftlich im Wesentlichen gleichwertige knappschaftliche Beschäftigung auszuüben.

Voraussetzungen für die Erwerbsminderungsrente

Die Hürden zum Erhalt einer Erwerbsminderungsrente sind in Deutschland sehr hoch. Laut Statistik der Deutschen Rentenversicherung werden über 40 Prozent der Anträge abgelehnt. Um eine Erwerbsminderungsrente zu erhalten, müssen zum einen versicherungsrechtliche, zum anderen medizinische Voraussetzungen erfüllt sein. Die rechtlichen Grundlagen zur Erwerbsminderungsrente finden sich in den §§ 9 ff. SGB VI.

Versicherungsrechtliche Voraussetzungen: Bedingung für den Erhalt einer Erwerbsminderungsrente ist zunächst, dass man die Regelaltersgrenze (das Alter, ab dem man die Altersrente erhalten würde) noch nicht erreicht hat. Außerdem muss man mindestens fünf Jahre lang in der gesetzlichen Rentenversicherung versichert gewesen sein, bevor die Erwerbsminderung eingetreten ist. In den letzten fünf Jahren vor Eintritt der Erwerbsminderung müssen drei Jahre mit Pflichtbeiträgen für eine versicherte Beschäftigung oder Tätigkeit belegt sein.

Medizinische Voraussetzungen: Geprüft wird zunächst, ob die Arbeitsfähigkeit des Antragstellers durch medizinische oder berufliche Rehamaßnahmen doch wieder ganz oder teilweise hergestellt werden kann. Diesen Grundsatz nennt man „Reha vor Rente". Die Überprüfung erfolgt durch den Rentenversicherungsträger. Ist es nicht möglich, durch eine Rehabilitationsmaßnahme die Arbeitsfähigkeit wiederherzustellen, wird geprüft, in welchem zeitlichen Umfang der Antragsteller noch arbeiten kann. Davon ausgehend wird dann festgestellt, ob eine Rente wegen voller oder wegen teilweiser Erwerbsminderung infrage kommt.

Befristung: Erwerbsminderungsrenten werden in der Regel nur für einen bestimmten Zeitraum bewilligt. Nur wenn es unwahrscheinlich ist, dass die Arbeitsfähigkeit wiederhergestellt werden kann, und wenn jemand unter drei Stunden täglich arbeitsfähig ist, kann die Rente unbefristet bewilligt werden. Der Anspruch auf die Erwerbsminderungsrente besteht nur, solange die Erwerbsminderung besteht. Das bedeutet, dass die Erwerbsminderungsrente wieder entzogen werden kann, sobald sich der Gesundheitszustand bessert.

Wichtig bei befristeten Erwerbsminderungsrenten: Stellen Sie rechtzeitig den Antrag auf Weiterzahlung beim Rentenversicherungsträger (etwa sechs Monate vor Ablauf der Befristung).

Was bedeutet volle und teilweise Erwerbsminderung?

Wer aus gesundheitlichen Gründen, also wegen einer Krankheit oder Behinderung, weniger als drei Stunden täglich arbeiten kann – und zwar nicht nur in seinem Beruf, sondern in allen Berufen (Verweisung auf den allgemeinen Arbeitsmarkt) – kann Anspruch auf die volle Erwerbsminderungsrente haben.

Wer weniger als sechs Stunden am Tag, aber mehr als drei Stunden am Tag arbeiten kann, hat Anspruch auf eine teilweise Erwerbsminderungsrente. Wer sechs Stunden und mehr täglich arbeiten kann, erhält keine Rente.

Wie hoch ist die Erwerbsminderungsrente?

Die Höhe der Erwerbsminderungsrente hängt mit dem Rentenanspruch zusammen, den man bisher erworben hat. Sie errechnet sich aus den persönlichen Entgeltpunkten des Versicherten, dem Rentenartfaktor und dem aktuellen Rentenwert. In der Renteninformation, die von der Deutschen Rentenversicherung an alle Versicherten über 27 Jahren jährlich verschickt wird, wird über die Höhe der Erwerbsminderungsrente informiert.

Die Rente wegen teilweiser Erwerbsminderung ist übrigens halb so hoch wie die volle Erwerbsminderungsrente.

Zum 1.1.2019 ist das neue Rentenpaket in Kraft getreten, das Regelungen zur Erwerbsminderungsrente beinhaltet. Die Zurechnungszeiten für die Erwerbsminderungsrente können nun vom Rentenversicherungsträger bis zum 65. Lebensjahr und 8. Kalendermonat angerechnet werden (fiktive Hochrechnung), was eine schlagartige Erhöhung der Zurechnungszeit bedeutet, die vorher um drei Jahre und fünf Monate kürzer war. Die Zurechnungszeit ist zudem beitragsfrei. In diesem Zeitraum erhalten Bezieher diejenigen Beiträge, die sie aufgrund der Erwerbsminderung nicht zahlen können.

Außerdem ist es gut zu wissen, dass die Zurechnungszeit zur rentenrechtlichen Zeit gehört, was positive Auswirkungen auf die spätere Altersrente hat: Dank der Zurechnungszeit werden Bezieher so behandelt, als hätten sie noch bis zum 65. Lebensjahr und 8. Monat weitergearbeitet. Das ist vor allem für junge Arbeitnehmer relevant. Denn anderenfalls würden sie bei Beginn der Altersrente nur minimale Auszahlungen erhalten, obwohl sie erwerbsgemindert waren.

1

Zuschlag für Bestandsrentner ab dem 01.07.2024

Grundsätzlich erhalten die Rentnerinnen und Rentner einen Zuschlag, deren Erwerbsminderungsrente in der Zeit von Januar 2001 bis Dezember 2018 begonnen hat. Der Zuschlag wird gezahlt, wenn am 30. Juni 2024 ein Anspruch bestand auf:

- eine Rente wegen Erwerbsminderung, die in der Zeit von Januar 2001 bis Dezember 2018 begonnen hat.
- eine Rente wegen Alters, die unmittelbar an eine Rente wegen Erwerbsminderung nach Nummer 1 anschließt, oder
- eine Hinterbliebenenrente, die unmittelbar an eine Rente wegen Erwerbsminderung nach Nummer 1 oder an eine Rente wegen Alters nach Nummer 2 anschließt, oder
- eine Hinterbliebenenrente, die in der Zeit von Januar 2001 bis Dezember 2018 begonnen hat, und der verstorbene Versicherte unmittelbar vor Beginn der Hinterbliebenenrente keine eigene Rente bezog und am Todestag höchstens 65 Jahre und acht Monate alt war,

Wichtig: Sie müssen dazu keinen Antrag bei Ihrem Rentenversicherungsträger stellen, dieser berechnet den Zuschlag automatisch und schickt Ihnen einen neuen Rentenbescheid.

Sonderregelung für Jahrgänge bis 1961

Für Versicherte, die vor dem 2.1.1961 geboren sind, gilt eine Vertrauensschutzregelung: Sie können bei Berufsunfähigkeit wegen gesundheitlicher Einschränkungen eine Rente wegen teilweiser Erwerbsminderung bekommen.

Dafür müssen die Voraussetzungen für die teilweise Erwerbsminderungsrente erfüllt sein. Der Anspruch besteht bis zur Vollendung des 65. Lebensjahres. Anspruch haben Versicherte, die

- vor dem 2.1.1961 geboren sind – also bei Inkrafttreten der Reform am 1.1.2001 das 40. Lebensjahr bereits vollendet hatten – und
- berufsunfähig sind.

Bei Erwerbsminderungsrenten können je nach teilweiser oder voller Erwerbsminderung unterschiedliche Beträge hinzuverdient werden.

Nähere Informationen erhalten Versicherte dazu bei Ihrem zuständigen Rentenversicherungsträger.

Altersrente für schwerbehinderte Menschen

Versicherte haben Anspruch auf Altersrente für schwerbehinderte Menschen, wenn sie

- das 65. Lebensjahr vollendet haben,
- bei Beginn der Altersrente als schwerbehinderte Menschen nach § 2 Abs. 2 SGB IX anerkannt sind und
- die Wartezeit von 35 Jahren erfüllt haben.

Die vorzeitige Inanspruchnahme dieser Altersrente ist nach Vollendung des 62. Lebensjahres möglich.

Wichtig: Die Schwerbehinderung muss zum Rentenbeginn vorliegen. Ein späterer Wegfall ist für den Rentenanspruch nicht von Bedeutung.

Auf die Wartezeit von 35 Jahren werden folgende Zeiten angerechnet:

- Beiträge aus einer Beschäftigung oder selbstständigen Tätigkeit
- freiwillige Beiträge, die Versicherte an die Rentenversicherung gezahlt haben
- Kindererziehungszeiten für die ersten 2,5 bzw. 3 Lebensjahre
- Monate der nicht erwerbsmäßigen häuslichen Pflege
- Monate aus einem Versorgungsausgleich bei Scheidung
- Beiträge für Minijobs, die Versicherte zusammen mit ihrem Arbeitgeber gezahlt haben; Beiträge für Minijobs, die der Arbeitgeber allein gezahlt hat, werden nur anteilig berücksichtigt
- Monate aus einem Rentensplitting unter Ehegatten oder eingetragenen Lebenspartnern
- Anrechnungszeiten: Zeiten, in denen Versicherte aus persönlichen Gründen keine Rentenversicherungsbeiträge zahlen konnten, z. B. wegen Krankheit, Schwangerschaft, Arbeitslosigkeit, Schulausbildung und Studium
- Berücksichtigungszeiten: beispielsweise Zeiten der Erziehung eines Kindes, das noch keine zehn Jahre alt ist

1

Übergangsregelung bei der Altersrente für schwerbehinderte Menschen

Versicherte, die vor dem 1.1.1964 geboren sind, haben Anspruch auf Altersrente für schwerbehinderte Menschen, wenn sie

- das 63. Lebensjahr vollendet haben,
- bei Beginn der Altersrente als schwerbehinderte Menschen (§ 2 Abs. 2 SGB IX) anerkannt sind und
- die Wartezeit von 35 Jahren erfüllt haben.

Die vorzeitige Inanspruchnahme dieser Altersrente ist frühestens nach Vollendung des 60. Lebensjahres möglich.

Versicherte, die vor dem 1.1.1952 geboren sind, haben Anspruch auf diese Altersrente nach Vollendung des 63. Lebensjahres; für sie ist die vorzeitige Inanspruchnahme nach Vollendung des 60. Lebensjahres möglich. Für Versicherte, die nach dem 31.12.1951 geboren sind, werden die Altersgrenze von 63 Jahren und die Altersgrenze für die vorzeitige Inanspruchnahme schrittweise angehoben.

Aufgaben der Versorgungsämter

Die Versorgungsämter sind Landesbehörden im Wirkungsbereich der jeweiligen Sozialministerien der Bundesländer. Die Bezeichnung dieser Behörden ist nicht in allen Bundesländern gleich (z. B. Bayern: Zentrum Bayern Familie und Soziales ZBFS). Sie sind Sozialleistungsträger und haben den gesetzlichen Auftrag zur Durchführung des

- Sozialen Entschädigungsrechts und
- Schwerbehindertenrechts

1

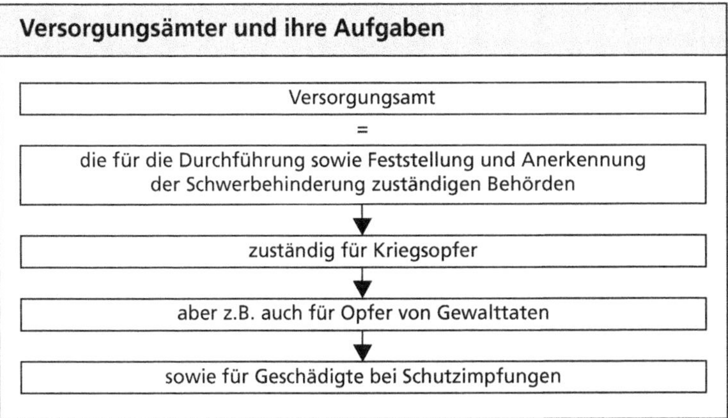

Die Durchführung des Schwerbehindertenrechts ist eine der Hauptaufgaben der Versorgungsämter. Sie prüfen die Anträge auf Anerkennung der Schwerbehinderteneigenschaft und auf Nachteilsausgleiche und durch Erlass eines Feststellungsbescheids bestimmen sie den Grad der Behinderung (GdB) und die sogenannten gesundheitlichen Merkzeichen (MZ). Entsprechend dem Feststellungsbescheid stellt das Versorgungsamt den Behindertenausweis aus. Durch diese Entscheidungen erhalten schwerbehinderte Menschen Schutzrechte. Sie haben Anspruch auf einen sozialen Nachteilsausgleich. Dabei erstrecken sich die gewonnenen Schutzrechte des schwerbehinderten Menschen auf:

- den Beruf
- die Einkommen- und Lohnsteuer
- Benutzung von Verkehrsmitteln
- Kommunikation und Medien
- Wohnen
- Sozialversicherung (vorgezogene Altersrente)

Die Zahl der schwerbehinderten Menschen ist in der Bundesrepublik Deutschland erheblich. Derzeit sind es ungefähr 7,9 Millionen (Stand: 2019). All diese Personen sind von den Versorgungsämtern zu betreuen.

2.

2

Medizinische Voraussetzungen für die Anerkennung

Beschwerden, Befunde, Diagnosen, Funktionsstörungen

Das Schwerbehindertenrecht legt für die Anerkennung der Schwerbehinderteneigenschaft das Vorhandensein folgender medizinischer Voraussetzungen zugrunde:

- Es liegt eine dauerhafte Abweichung von körperlichen Funktionen, geistigen Fähigkeiten oder seelischer Gesundheit von dem für das Lebensalter typischen Zustand in solchem Maße vor, dass eine Teilhabe am Leben in der Gemeinschaft beeinträchtigt ist.
- Die Funktionsstörungen müssen durch ärztliche Befunde nachweisbar und für die medizinische Begutachtung des Versorgungsamts nach Aktenlage nachvollziehbar sein.
- Die Funktionsbehinderungen müssen mit hoher Wahrscheinlichkeit länger als sechs Monate bestehen.
- Das Ausmaß einer nicht nur vorübergehenden Funktionsbehinderung muss, um als Behinderung anerkannt zu werden, mindestens 10 Einzel-GdB betragen. Einzel-GdB bedeutet, dass jede vom Versorgungsamt anerkannte Beeinträchtigung mit einem einzelnen Grad der Behinderung bewertet wird.
- Die Zubilligung einer Schwerbehinderteneigenschaft erfolgt ab einem Gesamt-GdB von mindestens 50. Der Gesamt-GdB ermittelt, wie sich verschiedene Beeinträchtigungen in ihrer Gesamtheit auswirken, deshalb Gesamt-GdB. Eine Addition der Einzel-GdB zu einem Gesamt-GdB ist allerdings nicht zulässig.
- Die Tatsache des Vorliegens einer Arbeitsunfähigkeit, Dienstunfähigkeit, Erwerbs- oder Berufsunfähigkeit oder teilweisen bzw. vollen Erwerbsminderung allein reicht zur Anerkennung einer Behinderung nicht aus.
- Die geltend gemachten Gesundheitsstörungen müssen eine Regelwidrigkeit gegenüber dem für das Lebensalter typischen Zustand darstellen. „Alterserscheinungen" oder das Fehlen der biologischen entwicklungsbedingten Fähigkeiten (Kinder) gelten nicht als Behinderung.

Unter Gesundheitsstörungen versteht man im Allgemeinen Schwäche, Kopfschmerzen, Hautjucken oder Verstopfung ebenso wie Herzkrankheiten, Bronchialasthma, Krebserkrankung oder den Zustand nach einer Beinamputation.

Gesundheitsstörung und Krankheit drücken für den Mediziner denselben Zustand aus. Was sich unter dem Begriff Krankheit verbirgt, wurde bereits durch die WHO-Definition – juristische und medizinische Interpretation – verdeutlicht.

Krankheiten verursachen Beschwerden. Sie werden vom Arzt nach den klinischen Symptomen, die durch die Krankheiten verursacht werden, unterschieden. Typische Beschwerden sind Schwäche, Schmerzen, Schwindelgefühl, Verstopfung, schwache Harnblase etc.

Für die Feststellung der Behinderung und des Grades der Behinderung spielen in der Verwaltungspraxis der Versorgungsämter und der Gerichte die als Anlage zur Versorgungsmedizin-Verordnung vom Bundesministerium für Arbeit und Sozialordnung herausgegebenen Versorgungsmedizinischen Grundsätze eine zentrale Rolle. Sie enthalten in ihrem Teil A allgemeine Grundsätze für die Feststellung der Behinderung und des Grades der Behinderung und in Teil B eine GdB-Tabelle für die einzelnen Funktionsbeeinträchtigungen. Sie werden regelmäßig überarbeitet. Es handelt sich um untergesetzliche Normen im Rang einer Rechtsverordnung.

Die Versorgungsmedizinischen Grundsätze sind am 1.1.2009 in Kraft getreten. Die bisherige Rechtsprechung des BSG zu den Anhaltspunkten gilt im Wesentlichen auch für sie. Das BSG hat in ständiger Rechtsprechung die Anhaltspunkte und nachfolgend die Versorgungsmedizinischen Grundsätze als geeigneten Maßstab für die Bewertung konkreter Sachverhalte herangezogen. Es handele sich um ein geschlossenes Beurteilungsgefüge zum GdB, auf das die Gerichte angewiesen seien, nämlich um antizipierte Sachverständigengutachten, die im konkreten Verwaltungs- und Gerichtsverfahren zu beachten seien.

Die seit 2009 unverändert geltenden Versorgungsmedizinischen Grundsätze spiegeln vielfach noch eine rein an der Minderung der Erwerbsfähigkeit orientierte Sichtweise wider. Es muss bezweifelt werden, ob sie dem Ziel der selbstbestimmten Teilhabe in allen Lebensbereichen immer gerecht werden. Derzeit arbeitet das Bundesministerium für Arbeit und Soziales (B

Die Versorgungsmedizinischen Grundsätze sind nur insoweit ver-
2 bindlich, als sie dem aktuellen Stand der medizinischen Wissenschaft entsprechen. Als aktueller Kenntnisstand sind solche durch Forschung und praktische Erfahrung gewonnenen Erkenntnisse anzusehen, die von der großen Mehrheit der auf dem betreffenden Gebiet tätigen Fachwissenschaftler anerkannt werden, über die also, von vereinzelten, nicht ins Gewicht fallenden Gegenstimmen abgesehen, Konsens besteht.

Enthalten die Versorgungsmedizinischen Grundsätze Lücken, so sind diese von der Rechtsprechung auszufüllen. Insbesondere können auch solche Gesundheitsstörungen als Behinderungen anerkannt werden, die in den Anhaltspunkten überhaupt nicht aufgeführt sind, z. B. ein psychosomatisches Schmerzsyndrom.

Fehlt es für die Benennung des GdB an ausdrücklichen Vorgaben im Teil B der Versorgungsmedizinischen Grundsätze, kann auch auf vergleichbare Bewertungen zurückgegriffen werden.

Beispiel: So können bestimmte Verbrennungsfolgen unter Rückgriff auf die Bewertung einer Psoriasis (Hauterkrankung) beurteilt werden, auch wenn es an ausdrücklichen Vorgaben fehlt.

Nach dem das Schwerbehindertenrecht beherrschenden Finalitätsprinzip sind alle dauerhaften Gesundheitsstörungen unabhängig von ihrem Entstehungsgrund zu erfassen und ihre Auswirkungen auf die Teilhabe am Leben in der Gesellschaft zu berücksichtigen. Eine unterschiedliche Behandlung allein nach der Ursache einer Teilhabebeeinträchtigung wird auch durch das Diskriminierungsverbot aus Art. 5 Abs. 1 und 2 UN-BRK ausgeschlossen, das die Einbeziehung aller körperlichen, geistigen, seelischen und Sinnesbeeinträchtigungen gebietet. Auf die Ursache einer Behinderung kommt es auch dann nicht an, wenn der Mensch mit Behinderungen z. B. durch sein Therapieverhalten Einfluss auf den Gang der Krankheit nehmen kann.

Aus oben genannten Gründen ist es ungeschickt, wenn Antragsteller ohne Rücksprache mit ihrem Hausarzt Kopf-, Bauch-, Bein- oder sonstige Schmerzen als Behinderung geltend machen möchten. Die Beschwerden verursachende Krankheit muss dazu benannt werden.

Unter Krankheitssymptomen versteht der Arzt alle Erscheinungsformen einer Erkrankung. Dazu gehören beispielsweise Einschränkungen der Gehfähigkeit, Hautblässe, Erbrechen und Sehprobleme ebenso wie typische Schmerzformen etc. Die Symptome einer Krankheit weisen häufig auf eine Verdachtsdiagnose hin, die dann mithilfe von Untersuchungsbefunden bestätigt oder widerlegt wird.

Die Untersuchungsbefunde sind die Ergebnisse von medizinischen Untersuchungen, die anlässlich eines Hausbesuchs, in der Arztpraxis oder im Krankenhaus durchgeführt werden. Des Weiteren bedient sich der Arzt einer Vielzahl von modernen Untersuchungsgeräten wie z. B. EKG-, Ultraschall-, Röntgen- oder MRT-Geräten, um zu einer möglichst genauen und zielführenden Befunderhebung zu gelangen.

Die Auswahl einzelner Untersuchungsmethoden zur Klärung einer klinischen Fragestellung wird durch die geltende medizinische Lehrmeinung bestimmt. Das diagnostische Vorgehen des Arztes muss sich daran orientieren. Daher werden heute beispielsweise ein vergrößertes Herz mit der Echokardiographie, ein Gallenstein mit Sonographie und ein Magengeschwür mittels eines Gastroskops untersucht.

Die Diagnose, das heißt die Feststellung einer Krankheit, ist Ergebnis der ärztlichen Abklärung. Zur Diagnoseerstellung gehört auch die Befragung des Patienten über Beschwerden, zur Geschichte seiner Beschwerden, die Beobachtung klinischer Symptome und eine möglichst gezielte Anwendung von Untersuchungsmethoden. Die Diagnose hat weitreichende Konsequenzen für den Patienten, den Kostenträger und den Arzt. Mit der Diagnose wird die Krankheit hinreichend bestimmt.

Die ärztlichen Befunde über Funktionsstörungen

Aus den vorgelegten ärztlichen Befunden erfährt der Gutachter, ob die geltend gemachten Gesundheits- bzw. Funktionsstörungen bei oder nach einer Krankheit in der Tat vorliegen. Des Weiteren erhält er Informationen darüber, in welchem Maße die körperlichen Funktionen, geistigen Fähigkeiten oder die seelische Gesundheit in dem jeweiligen Fall von dem für das Lebensalter typischen Zustand abweichen. Wie weit ist dadurch die Teilhabe am Leben in der Gesellschaft für den Behinderten beeinträchtigt?

Die ärztlichen Befunde des Hausarztes und der behandelnden Fachärzte sowie weitere ärztliche Befundberichte stellen eine sachkundige Einschätzung des gesamten Gesundheitszustandes dar. Ihnen kommt im Begutachtungsverfahren zur Beurteilung des Vorliegens einer Schwerbehinderung eine große Bedeutung zu.

Rechtlich gilt, dass „ärztliche Gesundheitszeugnisse gewichtigen Beweiswert haben, sie müssen inhaltlich richtig sein" (BSG, allgemeine Rechtsauffassung). Deshalb ist für den Arzt bei der Abfassung des Attests § 278 StGB bindend. Diese strafrechtliche Vorschrift untersagt dem Arzt, Gefälligkeitszeugnisse auszustellen.

Der begutachtende Arzt erfährt im Versorgungsamt von den Leiden und Krankheiten des Antragstellers durch

- das ausgefüllte Antragsformular,
- Untersuchungsberichte, die im Rahmen der Sachaufklärung des Versorgungsamts angefordert werden, und
- Atteste des Hausarztes oder der behandelnden Ärzte, die der Antragsteller selbst besorgt.

Bei den vorgelegten Befundberichten oder Attesten ist es unerheblich, ob sie durch den Antragsteller eingereicht oder von Amts wegen angefordert wurden.

Wichtig dagegen ist, dass sie

- das aktuelle Ausmaß der Funktionsstörungen und Behinderungen infolge der vorliegenden Krankheiten oder Unfallfolgen des Antragstellers im Einzelnen beschreiben,
- Stadium, Schweregrad und Prognose der Krankheiten angeben,
- die Dauer der Erkrankung aufzeichnen und
- nach dem aktuellen Stand der klinisch-medizinischen Lehrmeinung abgefasst sind.

Der behandelnde Arzt kann auch den Grad der Behinderung (GdB) der einzelnen Funktionsstörungen angeben, er sollte jedoch die dazugehörige Randnummer in den Anhaltspunkten ebenfalls aufführen.

Alle Gesundheitsstörungen sollten vom Patienten angegeben werden. Der ganze Mensch mit all seinen Erkrankungen wird begutachtet. Viele, eventuell gleichzeitig vorliegende Behinderungen können einander nachteilig beeinflussen. So wird beispielsweise ein schwaches Herz eines Beinamputierten bei Alltagsbelastungen mehr Behinderungsnachteile verursachen oder Gehörschäden bei Blinden Unbeholfenheit bewirken.

Die Beschreibung der pathologischen Befunde oder die Aufzählung der klinischen Diagnose allein sind in einem ärztlichen Attest wohl wichtig, jedoch für das Aktengutachten ungenügend.

Wenn im vorgelegten ärztlichen Befundbericht eine Diagnose ohne Nennung der damit verbundenen Funktionsstörungen aufgeführt wird, kann der Gutachter die Behinderung nur grob einschätzen. Daraus können sich für den Patienten möglicherweise eine Enttäuschung oder das Gefühl, ungerecht eingestuft worden zu sein, ergeben.

Beispiel:

Bei einer Nierenerkrankung im „Stadium der kompensierten Retention" kann die Einschränkung der Ausscheidungsfunktion der Nieren mit vermehrtem Trinken aufgehoben werden. Dementsprechend wird keine oder nur eine geringfügige Behinderung festzustellen sein. Im fortgeschrittenen Stadium kann die Erkrankung jedoch so schwer sein, dass die Ausscheidung harnpflichtiger Substanzen nicht mehr gewährleistet ist. Der Folgezustand – Nierenversagen – macht eine lebenslange Dialysebehandlung erforderlich. Es handelt sich hier um eine schwerwiegende Behinderung. Dazwischen liegen viele Übergangsstufen. Zur realistischen Beurteilung benötigt der Gutachter also Auskunft über den körperlichen Zustand, Blutdruckverhalten, Laborbefunde, Therapie etc. Dies gilt auch für andere Erkrankungsbilder wie z. B. Bronchialasthma, arterielle Verschlusskrankheit, Diabetes etc.

Da das Versorgungsamt pflichtgemäß nach § 20 SGB X die Sachaufklärung beim Antrag führen muss, werden nicht nur der Hausarzt, behandelnde niedergelassene Fachärzte, Krankenhausärzte, die den Antragsteller in den letzten zwei Jahren behandelt haben, sondern auch ggf. Rehakliniken, Werkstätten für behinderte Menschen, Gesundheitsämter etc. angeschrieben und um Einsichtnahme der ärztlichen Unterlagen ersucht.

Die vom Versorgungsamt angeforderten Unterlagen, Kopien oder
2 Originale werden nach Bearbeitung des Antrags in der Akte des Versicherten abgelegt bzw. wunschgemäß der betreffenden ärztlichen Stelle zurückgesandt.

Maßgebliche Aspekte der Bewertung von Gesundheitsstörungen

Der Antragsteller hat einen Anspruch auf eine ärztliche Beurteilung nach einheitlichen Grundsätzen unter Würdigung der besonderen Lage des Einzelfalls.

Diese prinzipielle Betrachtung macht es erforderlich, die Gesundheitsstörung als „Regelwidrigkeit gegenüber dem für das Alter typischen Zustand" zu definieren. Dadurch wird die Anwendung des GdB und des MdE für Kinder in gleicher Weise wie für alte, gebrechliche Menschen möglich.

Bei Kindern werden die altersbedingt noch nicht entwickelten Fähigkeiten ebenso wie altersbedingtes Nachlassen der allgemeinen körperlichen und geistigen Leistungsfähigkeit bei älteren Menschen bei der Beurteilung des GdB nicht berücksichtigt.

Einschränkung der Beweglichkeit, Minderung der Kraft und Schnelligkeit, Nachlassen der Libido, des Gedächtnisses sowie des Seh- und Hörvermögens im Alter wird als regelhaft betrachtet. Nicht regelhaft sind im Alter z. B. Altersdiabetes, Altersstar, hoher Blutdruck, Lungenblähung oder Gelenk- und Wirbelsäulendeformierung, vermehrte Krankheits- und Unfallanfälligkeit etc.

Es überwiegt in der Praxis die Zahl der Antragsteller, die sich nicht nur durch eine, sondern durch mehrere Gesundheitsstörungen beeinträchtigt fühlen. Daraus können mehrere Funktionseinschränkungen resultieren. So verstärken etwa ein Knorpelschaden im Kniegelenk und eine arterielle Verschlusskrankheit eine Gehbehinderung. Hingegen wird ein Kniegelenksschaden bei Beinlähmung durch einen Schlaganfall nicht zum Tragen kommen.

Eine chronische Erkrankung verläuft ggf. periodisch, in Schüben verlaufend (rheumatische Arthritis, Multiple Sklerose etc.) oder kann auch über längere Zeit zum Stillstand kommen (z. B. Leberzirrhose). Die akuten Phasen solcher Erkrankungen gehen oft mit schweren Funktionsstörungen einher. Das Versorgungsamt hat also keine Krankheitsdiagnosen festzustellen, sondern Funktionsbeeinträchtigungen, z. B. ist nicht eine Kniegelenksarthrose in diesem Sinne als Behinderung zu verstehen, sondern die durch sie bedingte schmerzhafte Bewegungseinschränkung des Kniegelenks.

Kompliziert ist die Behinderungssituation, wenn

- eine Gesundheitsstörung mit Komplikationen einhergeht (z. B. Leberzirrhose mit Blutungen in der Speiseröhre),
- eine chronische Erkrankung mit langsamer, jedoch nachhaltiger Verschlechterung vorliegt (z. B. Multiple Sklerose, Herzmuskelerkrankung),
- mehrere Gesundheitsstörungen voneinander unabhängig vorliegen, diese aber gemeinsam eine oder mehrere Funktionsstörungen verursachen (z. B. wenn beim Verlust einer Niere die verbliebene durch Diabetes geschädigt ist und die Ausscheidungsfunktion harnpflichtiger Substanzen dadurch eingeschränkt wird), oder
- mehrere Gesundheitsstörungen vorliegen, die miteinander die Gesamtbehinderung verschlimmern (z. B. gleichzeitig vorliegende Taubheit und Sehminderung, Gehhilfebedarf und gleichzeitige Greifschwäche der Hände).

Die Beispiele zeigen, dass der Gutachter bei gewissenhafter Betrachtung aller Erkrankungen eines Antragstellers und den daraus resultierenden Funktionsbeeinträchtigungen in allen seinen Lebensbereichen eine Vielzahl von medizinischen Gesichtspunkten zu berücksichtigen hat.

Liegen mehrere Behinderungen vor, so ist nach § 152 Abs. 3 SGB IX der durch die Funktionsstörungen bedingte Gesamtgrad der Behinderung zu ermitteln. Näheres dazu in Kapitel 5, Abschnitt „Der Gesamt-GdB“.

Wechselseitige Beziehungen

Hinsichtlich der wechselseitigen Beziehungen der Behinderungen zueinander lassen sich im Wesentlichen vier Fallgruppen unterscheiden:

- Die Auswirkungen der einzelnen Behinderungen sind voneinander unabhängig und betreffen ganz verschiedene Lebensbereiche, z. B. Verlust des linken Beines und eine Lärmschwerhörigkeit. Beide Behinderungen müssen bei der Bildung des Gesamt-GdB berücksichtigt werden. Obergrenze ist die Summe der beiden Einzel-GdB.
- Eine Behinderung wirkt sich auf eine andere besonders nachteilig aus, z. B. bedingt der Verlust eines Zeigefingers einen GdB von 10, der Verlust beider Zeigefinger einen GdB von 30. Der Gesamt-GdB ist höher anzusetzen als die Summe der einzelnen GdB.
- Die Auswirkungen der Behinderung überschneiden sich, z. B. leidet ein behinderter Mensch an Silikose mit Atemnot bei mittelschwerer Belastung (GdB 40) und an Verschleiß der Wirbelsäule (GdB 20), der Kniegelenke (GdB 10) und des Ellenbogengelenks (GdB 10). Der Gesamt-GdB ist wesentlich niedriger als die Summe der einzelnen GdB anzusetzen, aber höher als für die Behinderung mit den höchsten Einzel-GdB, da zusätzliche Beschwerden und Funktionsbeeinträchtigungen hinzutreten.
- Das Ausmaß einer Behinderung wird durch hinzutretende Gesundheitsstörungen nicht verstärkt, z. B. wirkt sich bei vollständigem Ausfall der Armnerven im Unterarmbereich der zusätzliche Verlust von zwei Fingern derselben Hand nicht erhöhend auf den Gesamt-GdB aus.

Im Endeffekt kommt es bei der Begutachtung darauf an, dass festgestellt wird, welche Funktionseinschränkungen die vorliegenden Erkrankungen im Einzelnen verursachen und inwieweit diese in ihrer Gesamtheit die Lebensqualität des Antragstellers beeinträchtigen.

Der GdB als Maßstab für eine Schwerbehinderteneigenschaft setzt eine Organfunktionsstörung oder Behinderung infolge einer Erkrankung voraus, die länger als sechs Monate besteht. Dementsprechend wird immer – falls der Antrag früher gestellt wurde – eine Bewertung festgesetzt, die einem verbleibenden Schaden entspricht, der voraussichtlich auch nach Ablauf von sechs Monaten noch vorliegt.

Dies kann beim Antragsteller zu Enttäuschungen führen, weil dieser von seinem gegenwärtigen Leidensdruck ausgeht und erwartet, dass dieser entsprechend gewürdigt wird. Darüber hinaus kann der Gutachter den Zustand nach sechs Monaten nur abschätzen.

Beispiel:

Eine schwere Lungenentzündung wird nach sechs Monaten erwartungsgemäß abgeheilt sein, deshalb mit keinem GdB gewürdigt. Ein Herzinfarkt hingegen wird nach Akutbehandlung in der Klinik und Anschlussheilverfahren Folgeschäden weit über sechs Monate hinaus aufweisen.

Wenn der Antragsteller innerhalb von sechs Monaten nach Beginn der Erkrankung stirbt, wird die Behinderung nach den in sechs Monaten zu erwartenden Funktionseinschränkungen bewertet. Dies ist im Ausnahmefall wichtig, wenn bereits eine Altersrente auf Schwerbehinderung beim Rentenversicherungsträger beantragt wurde und die Hinterbliebenen sonst keine Rentenansprüche erwerben könnten. Falls der Eintritt der Gesundheitsstörung und der Tod in einem einheitlichen Vorgang zu betrachten sind, kann eine Bewertung der Behinderung nicht vorgenommen werden.

Berücksichtigung von leichten Gesundheitsstörungen

Sogenannte leichte Gesundheitsstörungen, die einen GdB von 10 bedingen, sollen nur in Ausnahmefällen bei der Gesamt-GdB-Bildung berücksichtigt werden. Obwohl in der Rechtsprechung vielfach die Auffassung vertreten wird, dass diese leichten Gesundheitsstörungen überhaupt nicht berücksichtigt werden können, so ist dies weder mit § 152 Abs. 3 Satz 2 SGB IX noch mit den Versorgungsmedizinischen Grundsätzen vereinbar. Als solche Ausnahmefälle kommen in Betracht:

- Eine leichte Gesundheitsstörung wirkt sich auf die anderen Behinderungen besonderes nachteilig aus.
- Es liegt eine „Systemerkrankung“ vor, die sich auf verschiedene Funktionssysteme auswirkt.
- Es liegt eine Vielzahl leichter Gesundheitsstörungen vor, die in ihrer Gesamtheit funktionell mit einer Behinderung vergleichbar sind, die einen höheren GdB bedingt.

Einer besonderen Abhandlung bedürfen Schmerzen und sogenannte seelische Begleiterscheinungen. Sie sind einerseits das übliche Maß betreffend bereits bei den einzelnen GdB-Bewertungen (z. B. Bandscheibenvorfall, Nierensteinerkrankung) mitberücksichtigt. Auch besonders schlimme Schmerzzustände (z. B. Angina pectoris, Spannungskopfschmerz, Gürtelrose etc.), die gewöhnlich bei bestimmten Krankheiten auftreten, sind in den GdB-Positionen bereits bemessen.

Andererseits wird der Gutachter starke Schmerzzustände, die über das übliche Maß hinausgehen (z. B. Phantomschmerzen nach Amputation, Schmerzen bei Gehirntumoren) – wenn diese geltend gemacht wurden – zusätzlich berücksichtigen. Diese außergewöhnlichen Schmerzen benötigen eine spezielle Schmerztherapie und Betreuung unter ärztlicher Führung.

Was außergewöhnliche Schmerzzustände betrifft, gilt auch für erhebliche, über das übliche Maß hinausgehende seelische Belastungszustände. So wird die Mitteilung des Klinikarztes über die Erkrankung an einem bösartigen Tumor bei jedem Betroffenen einen Schock auslösen. Gleichzeitig beginnt eine schwere psychische Dauerbelastung durch den häufig aussichtslosen Kampf mit der Krankheit. Außergewöhnliche seelische Belastungen sind anzunehmen, wenn anhaltend psychoreaktive Störungen in einer solchen Ausprägung vorliegen, dass eine spezielle ärztliche Behandlung dieser Störungen (z. B. mithilfe der Psychotherapie) erforderlich ist. Der Gutachter sollte im Antrag über solche Zustände Kenntnis erhalten.

Wenn eine schwere Erkrankung voll und ganz abgeheilt ist und keinen Folgeschaden hinterlässt, kann nicht von bleibenden Funktionsstörungen gesprochen werden. Wenn z. B. eine Überfunktion der Schilddrüse erfolgreich operiert wurde, wird eine Hormontherapie angesetzt. Der Hausarzt kontrolliert regelmäßig die Funktionswerte und sorgt somit für normale Stoffwechselverhältnisse. Eine Funktionsstörung oder Behinderung liegt dann nicht vor. Dies gilt generell für alle erfolgreich durchgeführten Operationen, die zum Ziel haben, gestörte Funktionen wiederherzustellen (z. B. gutartige Prostatavergrößerung, Nierenstein).

Wenn der operative Eingriff nur eine Korrektur bezweckt (z. B. Gelenkendoprothetik – künstliche Gelenke), wird die verbliebene Behinderung gewürdigt. Will sich dagegen jemand nicht behandeln lassen, kann dies für ihn erhebliche Nachteile mit sich bringen.

Beispiel:

Ein zerstörtes Hüftgelenk kann ebenso zur völligen Gehunfähigkeit führen wie ein Raucherbein bei Amputation. Es kann viele Gründe geben, warum jemand die heute routinemäßig durchgeführte Hüftgelenkoperation ablehnt.

Bei Verweigerung solcher Behandlungen kommt es unter Umständen zu schweren Behinderungen mit allen sozialen Konsequenzen.

Laut Gesetz ist nicht die Ursache der Behinderung, sondern allein das Vorhandensein einer solchen maßgeblich. Dies gilt auch für selbstverschuldete Behinderungen, sei es infolge von Sport- oder sonstigen Unfällen oder aufgrund übermäßigen Tabak-, Alkohol-, Medikamenten- oder Drogenkonsums etc.

Aufgrund der Vielzahl von Krankheitsverläufen ist es wichtig, dass die Begutachtung nach einheitlichen Grundsätzen unter Würdigung der besonderen Lage des Einzelfalls geschieht, wobei die oben genannten Grundsätze bzgl. möglicher wechselseitiger Beziehungen Anwendungen finden.

Die ärztliche Begutachtung

Das Versorgungsamt trifft die Feststellungen nur auf Antrag des behinderten Menschen. Bei den meisten Anträgen ist ein ärztliches Gutachten (sog. Aktengutachten) im Auftrag des zuständigen Versorgungsamts erstellt worden.

Das Gutachten dient als wichtige Entscheidungsgrundlage für den Antrag. Es greift allerdings keineswegs einer Entscheidung des Versorgungsamts vor. Wenn eine Versorgungsbehörde im Verwaltungsverfahren ein medizinisches Gutachten einholt, erfüllt sie ihre Pflicht, den Sachverhalt von Amts wegen zu ermitteln (§ 20 SGB X).

Die Behörde bestimmt Art und Umfang der Ermittlungen; an das Vorbringen und an die Beweisanträge der Antragsteller ist sie nicht gebunden. Sie muss allerdings die wesentlichen Fragen abklären, bevor sie einen Bescheid erlässt.

Insbesondere die medizinische Abklärung von Sachverhalten liefert den Sozialverwaltungen in Form von Gutachten die Grundlage für die Entscheidungen, die sie über bestimmte soziale Rechte und Ansprüche eines Bürgers zu treffen haben.

Jeder freie Sachverständigengutachter muss seinen Auftrag unter Einhaltung bindender Richtlinien bearbeiten. Diese Richtlinien sind:

- maximale Objektivität
- wissenschaftliche Gründlichkeit
- Unabhängigkeit

Das Bundessozialgericht hat klargestellt, dass ein Verwaltungsgutachten – dazu gehört auch das medizinische Sachverständigengutachten – als sogenanntes unparteiisches Gutachten zu betrachten ist (§ 128 SGG).

Dies bedeutet, dass der Gutachter in seinem Alltag in seinen Entscheidungen von seinem Auftraggeber (Versorgungsamt) unabhängig ist. Er prüft mit medizinischer Sachkenntnis, ob die im Antrag geltend gemachten Gesundheitsstörungen einen berechtigten Anspruch zur Anerkennung einer Schwerbehinderung darstellen. Dabei hat er sich um eine kritische Würdigung und neutrale Wertung aller mit dem Antrag eingereichten ärztlichen Befunde bzw. sonstigen Unterlagen zu bemühen.

Krankheiten, Funktionsstörungen, Behinderungen oder daraus resultierende Nachteile in allen Lebensbereichen, die im Antrag nicht angegeben wurden, können vom Gutachter nicht berücksichtigt werden.

Die gutachterliche Bewertung von Untersuchungsergebnissen und die daraus resultierenden Schlussfolgerungen bezüglich des Ausmaßes von Funktionsstörungen etc. richten sich streng nach der aktuell geltenden allgemeinen Lehrmeinung in der Medizin und nicht nach persönlichen Ansichten des Gutachters.

Begutachtung nach Aktenlage

Für die Anerkennung einer Schwerbehinderung ist eine ärztliche Begutachtung erforderlich. Diese ärztliche Begutachtung ist ein sogenanntes

Aktengutachten, das heißt, es wird nach Aktenlage entscheiden. Dies bedeutet, dass hauptsächlich die schriftlich dargelegten Angaben oder eingereichten ärztlichen Befunde zur Entscheidung beitragen.

Eine persönliche Begutachtung oder eine Untersuchung durch den ärztlichen Gutachter findet nicht statt. Diese Tatsache hat den Nachteil für den Antragsteller, dass er seine gesundheitlichen Beeinträchtigungen und sozialen Nachteile in seinem Alltag nicht persönlich mit dem Gutachter besprechen kann. Der Gutachter vermisst seinerseits den für die ärztliche Arbeit so wichtigen persönlichen Eindruck des Patienten und die Möglichkeit, sich in die gesundheitlichen und sozialen Probleme eines behinderten Menschen einzufühlen.

Nur in Ausnahmefällen findet ein persönliches Gespräch bzw. eine Untersuchung statt.

Nicht angegebene Leiden oder Krankheitsfolgen bleiben – und seien sie noch so schwerwiegend – im Allgemeinen unberücksichtigt. Erleidet ein älterer Patient beispielsweise einen Schlaganfall mit Folgelähmungen, wird gewöhnlich sofort ein Antrag auf Anerkennung einer Schwerbehinderung gestellt. Dass hinter dem Schlaganfall eine Herzerkrankung, Gefäßkrankheit oder Thrombose steckt, wird häufig nicht weiter ausgeführt, obwohl die klinisch-diagnostische Abklärung sich immer bemüht, die Ursachen aufzudecken.

Vor einer endgültigen Entscheidung des Versorgungsamts durch Verwaltungsakt muss der Antragsteller nochmals schriftlich angehört werden, vgl. § 24 SGB X.

Die Akte zum Aktengutachten

Die persönliche Akte des Antragstellers wird in dem für ihn zuständigen Versorgungsamt erstellt. Sie beinhaltet den Antrag auf Anerkennung einer Schwerbehinderung, die vom Antragsteller geltend gemachten Gesundheitsstörungen und ärztliche Befunde, die er eingereicht oder das Amt angefordert hat.

Auch die Mitteilung über die Einbuße an Fähigkeiten in sozialen Verhältnissen, gesellschaftlichen Aktivitäten oder sonstige persönliche Angaben sind in der Akte gespeichert. Die gleiche Akte wird auch später bei einem eventuellen Antrag auf Neubewertung wegen Verschlimmerung der Erkrankung zur Nachprüfung von Amts wegen oder bei Widersprüchen zur Bearbeitung vorgelegt.

Die Akte kann nach § 25 SGB X vom Antragsteller, einem bevoll-
2 mächtigten Vertreter, anderen Gesundheitsbehörden oder Gerichten eingesehen werden.

Der medizinische Gutachter hat andere Aufgaben als der Hausarzt

Ein ärztlicher Gutachter unterscheidet sich durch seine Aufgaben vom Hausarzt. Patienten gehen zu ihrem Hausarzt wegen körperlicher oder psychischer Beschwerden. Um die Beschwerden zu beheben bzw. zu lindern, führt der Hausarzt Untersuchungen durch oder veranlasst diese. Er stellt die Diagnosen, bestimmt und überwacht die Therapie.

Im Gegensatz dazu hat ein Gutachter die Beschwerden über gesundheitliche Funktionseinschränkungen von einem ganz anderen Gesichtspunkt zu bewerten. Er setzt sie mit den im Vorfeld abgeklärten Diagnosen (durch Haus- oder Facharzt, Krankenhaus etc.) in Verbindung, prüft die daraus abzuleitenden Behinderungen, um so z. B. Erwerbsminderung, Schädigungsfolgen oder den Grad der Behinderung festzustellen.

Für den Antragsteller ist wichtig zu wissen, dass der Arzt ebenso wie der Gutachter, bei der Verarbeitung von medizinischen Problemen folgendermaßen vorgeht:

- Analyse der Beschwerden
- Diagnosefindung
- Therapiebestimmung oder Feststellung eines Behinderungsgrades

Die Funktionsstörungen sind nach den Versorgungsmedizinischen Grundsätzen wie folgt zuzuordnen:

- Gehirn einschließlich Psyche
- Augen
- Ohren
- Atmung
- Herz-Kreislauf
- Verdauung
- Harnorgane

- Geschlechtsorgane
- Haut
- Blut einschließlich blutbildendes Gewebe und Immunsystem
- Innere Sekretion und Stoffwechsel
- Arme
- Beine
- Rumpf, dazu gehört insbesondere auch die Wirbelsäule in ihrer Gesamtheit

Als Grundlage seines Gutachtens dienen dem ärztlichen Gutachter die vorliegenden Krankheiten des Antragstellers. Diese sollten gutachterlich bestätigt werden, andererseits sollen die aus den Erkrankungen resultierenden Folgeschäden und die damit verbundenen Funktionsstörungen bzw. Behinderungen oder Nachteile definiert und entsprechend des Gutachtenauftrags interpretiert werden.

Der Gutachter ist in seiner Beurteilung über den Grad der Behinderung nach SGB IX nicht an Feststellungen, die bereits früher nach anderen Rechtsgrundlagen getroffen wurden, gebunden, im umgekehrten Fall gilt das Gleiche.

3.

Der Antrag auf Anerkennung der Schwerbehinderung

Gründe für die Antragstellung

Einen Antrag auf Anerkennung von Schwerbehinderung kann jeder Bürger ohne finanzielle Beteiligung stellen, der meint, dass er durch Funktionseinschränkungen infolge einer Krankheit oder eines Unfalls in bestimmten Lebensbereichen – nicht nur bei seiner Erwerbstätigkeit – Nachteile hinnehmen muss.

Eine Feststellung über die Behinderteneigenschaft ist nicht zu treffen, wenn eine Feststellung über das Vorliegen einer Behinderung und den Grad einer auf ihr beruhenden Erwerbsminderung schon in einem Rentenbescheid (z. B. Unfallversicherung), einer entsprechenden Verwaltungs- oder Gerichtsentscheidung oder einer vorläufigen Bescheinigung der für diese Entscheidung zuständigen Dienststellen (z. B. Versorgungsämter) getroffen worden ist, es sei denn, dass der behinderte Mensch ein Interesse an anderweitiger Feststellung der Behinderteneigenschaft glaubhaft macht. Keine bindende Feststellung enthalten die Bescheide der Rentenversicherung, mit denen Renten wegen Erwerbsminderung zuerkannt werden.

Ist die Schwerbehinderung durch eine andere Stelle, z. B. Unfallversicherungsträger, festgestellt worden, stellt trotzdem das Versorgungsamt einen Schwerbehindertenausweis aus.

Der Antrag auf Anerkennung einer Schwerbehinderung muss beim zuständigen Versorgungsamt gestellt werden. Ohne Antrag sind grundsätzlich eine Anerkennung von Behinderungen oder ein Nachteilsausgleich nicht möglich. Arbeitgeber, Betriebs- oder Personalrat und Schwerbehindertenvertretung haben kein eigenes Antragsrecht, sie können leidlich im Namen und mit Vollmacht des behinderten Menschen tätig werden.

Maßgebend ist die Tatsache des Vorliegens einer Behinderung und nicht deren Herkunft oder Ursache. Einkommen oder (soziale) Herkunft des Antragstellers sind unerheblich.

Wenn sich eine Person in ärztliche Behandlung begibt und gar schwere Operationen über sich ergehen lassen muss, um Gesundheit, Kraft und Leistungsfähigkeit zu erhalten, kann es manchmal nicht ausgeschlossen werden, dass die Behandlungen erfolglos bleiben und dauerhafte Behinderungen zurückbleiben.

Ein längerer Leidensweg im Falle einer Erkrankung führt häufig dazu, dass der Antragsteller Informationen über seine Krankheit, Behandlungsalternativen und Heilungsaussichten einholt. Daher ist zu erwarten, dass er seine Funktionsstörungen, die er als Behinderung geltend machen will, kennt und dass er weiß, dass er Befunde und Befundberichte zum Nachweis der Schwere oder des Ausmaßes der Behinderung durch den behandelnden Arzt für den Antrag zur Verfügung zu stellen hat.

> ***Praxis-Tipp:***
>
> *Geben Sie im Antrag alle Beeinträchtigungen an, die Sie belasten. Schreiben Sie dazu als Anlage eine Liste mit Ihren Beschwerden und konzentrieren Sie sich dabei nicht nur auf bestimmte Krankheitsbilder. Es ist wichtig, dass Sie Ihre Beeinträchtigungen so genau wie möglich beschreiben, denn nur so kann sich der Gutachter ein Bild von Ihnen machen. In den Antrag gehören keine Diagnosen, denn diese sind aus den ärztlichen Stellungnahmen ersichtlich. Vergessen Sie auch nicht, Merkzeichen (z. B. „G“, „B“, „aG“, „RF“ etc.) zu beantragen. Wenn Sie diese nicht ankreuzen, werden sie Ihnen auch nicht als Nachteilsausgleich zuerkannt.*

Der Patient ist der Antragsteller, nicht sein Hausarzt oder der behandelnde Facharzt.

Häufig werden Anträge von älteren Berufstätigen gestellt, um durch Erwerb der Schwerbehinderteneigenschaft in Frührente gehen zu können.

Der Arbeitgeber ist, wie erwähnt, am Antragsverfahren nicht beteiligt. Wegen der arbeitsrechtlichen Regelungen bezüglich Kündigungsschutz, Zusatzurlaub etc. soll er jedoch benachrichtigt werden. Am besten wird dem Arbeitgeber eine beim Versorgungsamt angeforderte Eingangsbestätigung des Antrags zur Wahrung von Rechten vorgelegt.

Das Versorgungsamt ist verpflichtet, den Sachverhalt von Amts wegen zu ermitteln und den Antrag gemäß den gesetzlichen Vorgaben dahingehend zu prüfen, ob die zur Begründung des Antrags aufgeführten bzw. geltend gemachten Funktionseinschränkungen nachweislich vorliegen und in welchem Maße diese eine Behinderung darstellen.

Die als Nachweis dienenden Untersuchungsbefunde müssen

- zu jeder geltend gemachten Funktionsbehinderung vorhanden sein,
- zutreffend sein und

3

- aktuell sein (dies gilt auch dann, wenn der Antragsteller ältere Befunde einreicht, um den Krankheitsverlauf darzustellen).

Aus den Untersuchungsbefunden erfährt der Gutachter häufig von Funktionsbehinderungen oder Schädigungsfolgen, die im Antrag nicht als Gesundheitsstörungen geltend gemacht wurden. Diese werden im Interesse des Antragstellers mitberücksichtigt.

Die Schwerbehinderung wird ab dem Datum der Antragstellung anerkannt, wenn nicht ausdrücklich die Anerkennung zu einem früheren Zeitpunkt beantragt wird. Der Nachweis der konkreten Entstehung der Behinderung oder des Funktionsausfalls muss erbracht werden.

> ***Praxis-Tipp:***
>
> *Kopieren Sie den Antrag nach Fertigstellung für die eigenen Unterlagen. Wenn ein Beratungsgespräch mit Ihren behandelnden Ärzten über den Antrag auf Anerkennung einer Schwerbehinderung nicht schon vorher stattgefunden hat, wird Ihr Arzt Sie diesbezüglich spätestens ansprechen, wenn er durch das Versorgungsamt zur Stellungnahme aufgefordert wird. Die Kopie Ihres Antrags ist für den Arzt wichtig. Es ist allerdings ein Nachteil, dieses ärztliche Gespräch erst im Nachhinein zu führen. Sie und Ihr Arzt sollten an einem gemeinsamen Strang ziehen.*
>
> *Das Versorgungsamt bestätigt Ihnen den Eingang Ihres Antrags nur auf ausdrücklichen Wunsch. Die Eingangsbestätigung sollte dem Arbeitgeber vorgelegt werden.*

Keine Ausstellung des Ausweises von Amts wegen, aber ...

§ 152 SGB IX befasst sich mit der Feststellung der Behinderung und dem Ausstellen von Ausweisen. Ausdrücklich heißt es in der Vorschrift, dass die Feststellung der Schwerbehinderung und die Ausstellung des

Schwerbehindertenausweises auf Antrag des behinderten Menschen erfolgen. Die Versorgungsbehörden müssen hier nicht von Amts wegen tätig werden.

Allerdings ist in diesem Zusammenhang § 17 SGB I zu beachten:

§ 17 SGB I Ausführung der Sozialleistungen:

(1) Die Leistungsträger sind verpflichtet, darauf hinzuwirken, daß 3

1. jeder Berechtigte die ihm zustehenden Sozialleistungen in zeitgemäßer Weise, umfassend und zügig erhält,
2. die zur Ausführung von Sozialleistungen erforderlichen sozialen Dienste und Einrichtungen rechtzeitig und ausreichend zur Verfügung stehen,
3. der Zugang zu den Sozialleistungen möglichst einfach gestaltet wird, insbesondere durch Verwendung allgemein verständlicher Antragsvordrucke und
4. ihre Verwaltungs- und Dienstgebäude frei von Zugangs- und Kommunikationsbarrieren sind und Sozialleistungen in barrierefreien Räumen und Anlagen ausgeführt werden.

(2) $_{1}$Menschen mit Hörbehinderungen und Menschen mit Sprachbehinderungen haben das Recht, bei der Ausführung von Sozialleistungen, insbesondere auch bei ärztlichen Untersuchungen und Behandlungen, in Deutscher Gebärdensprache, mit lautsprachbegleitenden Gebärden oder über andere geeignete Kommunikationshilfen zu kommunizieren. $_{2}$Die für die Sozialleistung zuständigen Leistungsträger sind verpflichtet, die durch die Verwendung der Kommunikationshilfen entstehenden Kosten zu tragen. [...]

Im Übrigen sind die Leistungsträger nach § 13 SGB I, ihre Verbände und die sonstigen in SGB I genannten öffentlich-rechtlichen Vereinigungen verpflichtet, im Rahmen ihrer Zuständigkeit die Bevölkerung über die Rechte und Pflichten aufzuklären. Die Versorgungsämter tun dies mit Broschüren, Faltblättern etc. Auch die anderen Rehabilitationsträger (z. B. Krankenkassen, Rentenversicherungsträger) informieren über ihre Leistungen.

Nach § 14 SGB I hat jeder Anspruch auf Beratung über seine Rechte und Pflichten. Zuständig für die Beratung sind die Leistungsträger, denen gegenüber die Rechte geltend zu machen oder die Pflichten zu erfüllen sind.

Durch § 15 SGB I sind die nach Landesrecht zuständigen Stellen sowie die Träger der gesetzlichen Krankenversicherung und der sozialen Pflegeversicherung verpflichtet, über alle sozialen Angelegenheiten Auskünfte zu erteilen.

Die Auskunftspflicht erstreckt sich auf die Benennung der für die Sozialleistungen zuständigen Leistungsträger sowie auf alle Sach- und Rechtsfragen, die für die Auskunftsuchenden von Bedeutung sein können und zu deren Beantwortung die Auskunftsstelle imstande ist.

Die Auskunftsstellen sind verpflichtet, untereinander und mit den anderen Leistungsträgern mit dem Ziel zusammenzuarbeiten, eine möglichst umfassende Auskunftserteilung sicherzustellen.

Wichtig ist hierbei § 16 SGB I:

§

§ 16 SGB I Antragstellung:

(1) $_{1}$Anträge auf Sozialleistungen sind beim zuständigen Leistungsträger zu stellen. $_{2}$Sie werden auch von allen anderen Leistungsträgern, von allen Gemeinden und bei Personen, die sich im Ausland aufhalten, auch von den amtlichen Vertretungen der Bundesrepublik Deutschland im Ausland entgegengenommen.

(2) $_{1}$Anträge, die bei einem unzuständigen Leistungsträger, bei einer für die Sozialleistung nicht zuständigen Gemeinde oder bei einer amtlichen Vertretung der Bundesrepublik Deutschland im Ausland gestellt werden, sind unverzüglich an den zuständigen Leistungsträger weiterzuleiten. $_{2}$Ist die Sozialleistung von einem Antrag abhängig, gilt der Antrag als zu dem Zeitpunkt gestellt, in dem er bei einer der in Satz 1 genannten Stellen eingegangen ist.

(3) Die Leistungsträger sind verpflichtet, darauf hinzuwirken, daß unverzüglich klare und sachdienliche Anträge gestellt und unvollständige Angaben ergänzt werden.

Aus dem SGB IX ist hier § 25 maßgebend, welcher die Zusammenarbeit der verschiedenen Rehabilitationsträger regelt:

§ 25 SGB IX Zusammenarbeit der Rehabilitationsträger:

(1) Im Rahmen der durch Gesetz, Rechtsverordnung oder allgemeine Verwaltungsvorschrift getroffenen Regelungen sind die Rehabilitationsträger verantwortlich, dass

1. die im Einzelfall erforderlichen Leistungen zur Teilhabe nahtlos, zügig sowie nach Gegenstand, Umfang und Ausführung einheitlich erbracht werden,
2. Abgrenzungsfragen einvernehmlich geklärt werden,
3. Beratung entsprechend den in den §§ 1 und 4 genannten Zielen geleistet wird,
4. Begutachtungen möglichst nach einheitlichen Grundsätzen durchgeführt werden,
5. Prävention entsprechend dem in § 3 Absatz 1 genannten Ziel geleistet wird sowie
6. die Rehabilitationsträger im Fall eines Zuständigkeitsübergangs rechtzeitig eingebunden werden.

(2) $_1$Die Rehabilitationsträger und ihre Verbände sollen zur gemeinsamen Wahrnehmung von Aufgaben zur Teilhabe von Menschen mit Behinderungen insbesondere regionale Arbeitsgemeinschaften bilden. [...]

Die Mitwirkungspflichten des Antragstellers

Die Mitwirkungspflichten werden allgemein für alle sozialen Bereiche in den §§ 60 bis 67 SGB I geregelt. Danach hat derjenige, der Sozialleistungen beantragt oder erhält,

- alle Tatsachen anzugeben, die für die Leistung erheblich sind, und auf Verlangen des zuständigen Leistungsträgers der Erteilung der erforderlichen Auskünfte durch Dritte zuzustimmen,
- Änderungen in den Verhältnissen, die für die Leistung erheblich sind oder über die im Zusammenhang mit der Leistung Erklärungen abgegeben worden sind, unverzüglich mitzuteilen,

- Beweismittel zu bezeichnen und auf Verlangen des zuständigen Leistungsträgers Beweisurkunden vorzulegen oder ihrer Vorlage zuzustimmen.

Nach ausdrücklicher Vorschrift in § 60 Abs. 2 SGB I sollen Vordrucke benutzt werden, soweit diese vorgesehen sind.

3 Hierbei ist insbesondere der Antragsvordruck für die Feststellung der Schwerbehinderteneigenschaft zu beachten.

Die Zustimmung zu Auskünften durch Dritte ist z. B. im Zusammenhang mit Ärzten zu sehen, die Auskünfte über den Gesundheitszustand des Antragstellers geben können. Auch für die Zustimmungserklärungen werden in der Regel Vordrucke benutzt.

Die Versorgungsämter fordern in ihren Hinweisen dazu auf, auf dem Antragsvordruck alle behandelnden Ärzte sowie Krankenhäuser mit genauem Aufenthaltsdatum sowie Kuranstalten anzugeben. Außerdem werden die Antragsteller aufgefordert, ärztliche Berichte, die ihnen vorliegen, beizufügen.

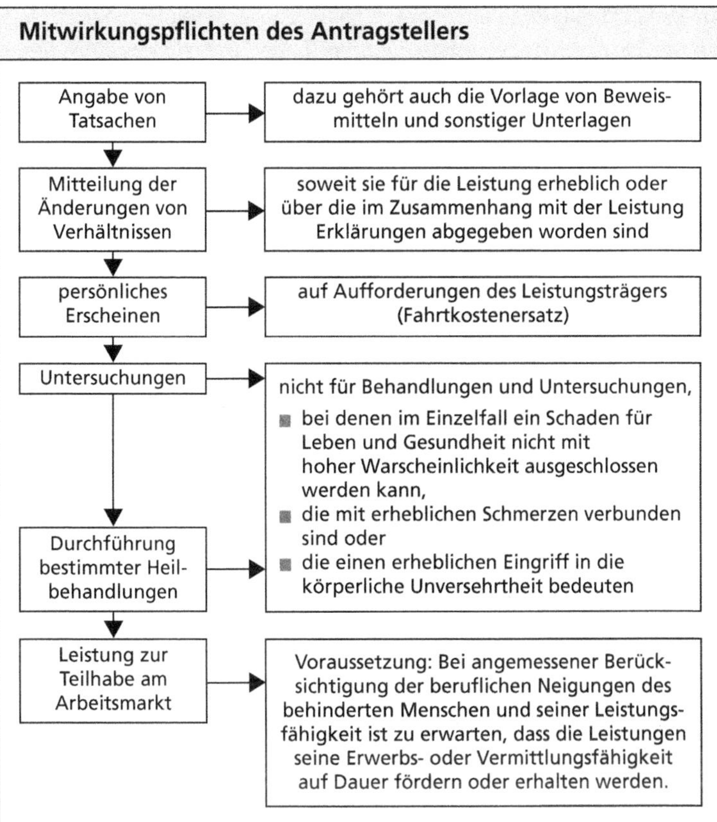

3

Praxis-Tipp:

Geben Sie in Ihrem Antrag die behandelnden Ärzte an und legen Sie Kopien der ärztlichen Berichte (soweit vorhanden) bei! Sie verkürzen dadurch eventuell das Verfahren. So müssen Sie sich auch keine besonderen Atteste durch die Ärzte ausstellen lassen. Solche Atteste verursachen unter Umständen sogar ganz erhebliche Kosten.

Wie dem Schaubild zu entnehmen ist, muss derjenige, der Sozialleistungen beantragt oder erhält, auf Verlangen des zuständigen Leistungsträgers zur mündlichen Erörterung des Antrags persönlich erscheinen. Allerdings ist dies nur notwendig, wenn es zur Entscheidung des Leistungsträgers notwendig ist.

> ***Praxis-Tipp:***
>
> *Beachten Sie bitte unbedingt, dass Sie in einem solchen Fall Anspruch auf Ersatz Ihrer Auslagen (Fahrtkosten) haben. Auch der Verdienstausfall wird in angemessenem Umfang erstattet. Allerdings erfolgt die Erstattung nur in einem Härtefall. Das bedeutet, dass Sie beispielsweise im Einzelfall beweisen müssen, dass Sie öffentliche Verkehrsmittel nicht benutzen konnten, sondern mit dem Taxi fahren mussten.*

§ 62 SGB I sieht vor, dass sich eine Person, die Sozialleistungen beantragt oder erhält, auf Verlangen des zuständigen Leistungsträgers ärztlichen und psychologischen Untersuchungsmaßnahmen unterziehen soll, soweit diese für die Entscheidung über die Leistung erforderlich sind.

Wichtig: In einem solchen Fall haben Sie Anspruch auf Erstattung Ihrer Aufwendungen. Das Vorliegen eines Härtefalls muss hier nicht nachgewiesen werden.

Im Zusammenhang mit dem Antrag auf Ausstellung eines Schwerbehindertenausweises spielen die §§ 63 und 64 SGB I keine besondere Rolle.

Grenzen der Mitwirkungspflichten

Die Vorschrift des § 65 SGB I befasst sich mit den Grenzen der Mitwirkungspflichten.

§ 65 Abs. 1 SGB I Grenzen der Mitwirkung:

(1) Die Mitwirkungspflichten nach den §§ 60 bis 64 bestehen nicht, soweit

1. ihre Erfüllung nicht in einem angemessenen Verhältnis zu der in Anspruch genommenen Sozialleistung oder ihrer Erstattung steht oder
2. ihre Erfüllung dem Betroffenen aus einem wichtigen Grund nicht zugemutet werden kann oder
3. der Leistungsträger sich durch einen geringeren Aufwand als der Antragsteller oder Leistungsberechtigte die erforderlichen Kenntnisse selbst beschaffen kann.

„Ein wichtiger Grund" kann in diesem Sinne der Gesundheitszustand des Betroffenen sein. Dieser Zustand kann ihn davon abhalten, einer Einladung zu einer ärztlichen Untersuchung zu folgen.

Der Leistungsträger kann sich beispielsweise dann mit einem geringeren Aufwand als der Antragsteller die erforderlichen Kenntnisse selbst beschaffen, wenn der Antragsteller kurz vor einer verlangten Untersuchung für einen anderen Leistungsträger untersucht wurde. Dies kann z. B. eine Untersuchung wegen eines Antrags auf Renten wegen Erwerbsminderung sein. Der Antragsteller sollte hier das Versorgungsamt unbedingt darauf hinweisen, dass dieses die Unterlagen beim Rentenversicherungsträger anfordern und dadurch auf die Einleitung einer weiteren Untersuchung unter Umständen verzichtet werden kann.

Wichtig: Der Antragsteller kann bestimmte Behandlungen und Untersuchungen ablehnen. Dabei geht es um Behandlungen und Untersuchungen,

- bei denen im Einzelfall ein Schaden für Leben oder Gesundheit nicht mit hoher Wahrscheinlichkeit ausgeschlossen werden kann,
- die mit erheblichen Schmerzen verbunden sind oder
- die einen erheblichen Eingriff in die körperliche Unversehrtheit bedeuten.

Übrigens: Angaben, die dem Antragsteller oder ihm nahestehende Personen der Gefahr aussetzen würden, wegen einer Straftat oder einer Ordnungswidrigkeit verfolgt zu werden, können verweigert werden.

§ 66 SGB I beschäftigt sich mit den Folgen fehlender Mitwirkung durch den Antragsteller.

§ 66 SGB I Folgen fehlender Mitwirkung:

(1) $_{1}$Kommt derjenige, der eine Sozialleistung beantragt oder erhält, seinen Mitwirkungspflichten nach den §§ 60 bis 62, 65 nicht nach und wird hierdurch die Aufklärung des Sachverhalts erheblich erschwert, kann der Leistungsträger ohne weitere Ermittlungen die Leistung bis zur
3 Nachholung der Mitwirkung ganz oder teilweise versagen oder entziehen, soweit die Voraussetzungen der Leistung nicht nachgewiesen sind. $_{2}$Dies gilt entsprechend, wenn der Antragsteller oder Leistungsberechtigte in anderer Weise absichtlich die Aufklärung des Sachverhalts erheblich erschwert.

(2) Kommt derjenige, der eine Sozialleistung wegen Pflegebedürftigkeit, wegen Arbeitsunfähigkeit, wegen Gefährdung oder Minderung der Erwerbsfähigkeit, anerkannten Schädigungsfolgen oder wegen Arbeitslosigkeit beantragt oder erhält, seinen Mitwirkungspflichten nach den §§ 62 bis 65 nicht nach und ist unter Würdigung aller Umstände mit Wahrscheinlichkeit anzunehmen, daß deshalb die Fähigkeit zur selbständigen Lebensführung, die Arbeits-, Erwerbs- oder Vermittlungsfähigkeit beeinträchtigt oder nicht verbessert wird, kann der Leistungsträger die Leistung bis zur Nachholung der Mitwirkung ganz oder teilweise versagen oder entziehen.

(3) Sozialleistungen dürfen wegen fehlender Mitwirkung nur versagt oder entzogen werden, nachdem der Leistungsberechtigte auf diese Folge schriftlich hingewiesen worden ist und seiner Mitwirkungspflicht nicht innerhalb einer ihm gesetzten angemessenen Frist nachgekommen ist.

§ 67 SGB I bestimmt, dass der Leistungsträger Sozialleistungen, die er nach § 66 versagt oder entzogen hat, nachträglich ganz oder teilweise erbringen kann, wenn die Mitwirkung nachgeholt wird und die Leistungsvoraussetzungen vorliegen

Datenschutz

Seit vielen Jahren ist der Datenschutz ein fester Bestandteil im Recht der Bundesrepublik Deutschland. Rechtsgrundlage ist hier in erster Linie § 35 SGB I.

§ 35 SGB I Sozialgeheimnis:

(1) $_{1}$Jeder hat Anspruch darauf, dass die ihn betreffenden Sozialdaten (§ 67 Absatz 2 Zehntes Buch) von den Leistungsträgern nicht unbefugt verarbeitet werden (Sozialgeheimnis). $_{2}$Die Wahrung des Sozialgeheimnisses umfasst die Verpflichtung, auch innerhalb des Leistungsträgers sicherzustellen, dass die Sozialdaten nur Befugten zugänglich sind oder nur an diese weitergegeben werden. $_{3}$Sozialdaten der Beschäftigten und ihrer Angehörigen dürfen Personen, die Personalentscheidungen treffen oder daran mitwirken können, weder zugänglich sein noch von Zugriffsberechtigten weitergegeben werden. $_{4}$Der Anspruch richtet sich auch gegen die Verbände der Leistungsträger, die Arbeitsgemeinschaften der Leistungsträger und ihrer Verbände, die Datenstelle der Rentenversicherung, die in diesem Gesetzbuch genannten öffentlich-rechtlichen Vereinigungen, Integrationsfachdienste, die Künstlersozialkasse, die Deutsche Post AG, soweit sie mit der Berechnung oder Auszahlung von Sozialleistungen betraut ist, die Behörden der Zollverwaltung, soweit sie Aufgaben nach § 2 des Schwarzarbeitsbekämpfungsgesetzes und § 66 des Zehnten Buches durchführen, die Versicherungsämter und Gemeindebehörden sowie die anerkannten Adoptionsvermittlungsstellen (§ 2 Absatz 3 des Adoptionsvermittlungsgesetzes), soweit sie Aufgaben nach diesem Gesetzbuch wahrnehmen, und die Stellen, die Aufgaben nach § 67c Absatz 3 des Zehnten Buches wahrnehmen. $_{5}$Die Beschäftigten haben auch nach Beendigung ihrer Tätigkeit bei den genannten Stellen das Sozialgeheimnis zu wahren.

Die Angaben sind freiwillig. Wenn der Antragsteller keine Angaben oder keine vollständigen Angaben macht, kann das Versorgungsamt den Antrag aber möglicherweise nicht richtig bearbeiten. Das könnte dazu führen, dass der Grad der Behinderung nicht in der richtigen Höhe festgestellt wird.

Die personenbezogenen Daten werden gegebenenfalls weitergegeben an:

- ärztliche Außengutachter (Erstellung von versorgungsärztlichen Stellungnahmen)
- IT-Rechenzentrum (Speicherung der Daten in elektronischer Form)

Die Daten dürfen nur solange gespeichert werden, wie sie benötigt werden.

Die Daten werden daher zwei Jahre nach Eintritt eines der folgenden Ereignisse gelöscht:

- bestandskräftige Ablehnung des Antrags
- dauerhafter Wegzug ins Ausland
- Tod
- anderweitige Erledigung

Zur Bearbeitung des Antrags werden andere Personen und Stellen um Übermittlung von Daten gebeten, und zwar werden die Ärzte und sonstigen Stellen, die vom Antragsteller benannt worden sind, angeschrieben und um Übersendung von Unterlagen über seine Gesundheitsstörungen gebeten. Der Antragsteller hat das Recht, der Verarbeitung seiner Daten jederzeit zu widersprechen.

Der Schutz der Sozialdaten ist gewährleistet. Die im Antragsformular erbetenen Angaben (Daten) werden für die Bearbeitung benötigt. Rechtsgrundlagen für die Datenverarbeitung ergeben sich aus den gemäß Art. 6 Abs. 1 Buchst. e und Art. 9 Abs. 2 Buchst. b der Datenschutz-Grundverordnung (DSGVO) angepassten Vorschriften in § 67 SGB X in Verbindung mit § 152 und § 214 SGB IX.

Die Daten werden im Versorgungsamt sowohl in Papierform als auch elektronisch gespeichert.

Der Zeitpunkt der Löschung der elektronischen Akten bzw. Vernichtung der Akten orientiert sich an verwaltungsrechtlichen Dokumentationspflichten (z. B. bei Wegzug, Aktenabgabe, Tod) und variiert zwischen ein und zehn Jahren.

Wenn das Versorgungsamt Auskünfte von Dritten (z. B. von Ärztinnen und Ärzten) benötigt, ist dafür die Zustimmung des Antragstellers erforderlich (Einwilligungserklärung).

Folgende Rechte stehen ihm nach Art. 15 bis 22 DSGVO in Verbindung mit §§ 83–84 SGB X zu:

- Recht auf Auskunft über die zu seiner Person verarbeiteten Daten
- Recht auf Berichtigung unrichtiger Daten zu seiner Person
- Recht auf Löschung nicht (mehr) benötigter Daten zu seiner Person
- Recht auf Einschränkung der Verarbeitung der Daten zu seiner Person
- Recht auf jederzeitigen Widerspruch gegen die Datenverarbeitung. Ein derartiger Widerspruch kann jedoch wegen fehlender Mitwirkung zu einer Ablehnung seines Antrags führen
- Recht auf Ausschluss einer ausschließlich automatisierten Entscheidung
- Recht, jederzeit die zuständige Landesbehörde für Datenschutz und Informationsfreiheit anzurufen

Vorbereitung des Antrags durch den Patienten

Der wirtschaftliche, soziale und berufliche Nachteilsausgleich eines körperlich behinderten Menschen stellt eine wichtige Chance zur berechtigten Teilhabe am Leben in der Gesellschaft dar.

Das Gesetz verbindet nämlich die Anerkennung einer Schwerbehinderteneigenschaft mit der Erfüllung von Bedingungen. Die sorgfältige Beachtung und das Erfüllen dieser Bedingungen sichern nur den tatsächlich behinderten Menschen Schutzrechte und zahlreiche Leistungsansprüche. Nicht zuletzt deshalb sollte nicht an Zeit und Mühe gespart werden, den Schwerbehindertenantrag sorgfältig vorzubereiten.

An wen können sich Betroffene wegen Hilfestellung wenden?

Als Erstes sollten Betroffene ihren Hausarzt aufsuchen. Er oder die behandelnden Fachärzte wie Orthopäde, Internist, Psychiater etc. sollten über den Antrag im Rahmen eines ärztlichen Beratungsgesprächs informiert werden. Sie sind diejenigen, die das Vorhaben sachverständig beurteilen können, nämlich

- ob es sinnvoll ist, einen Antrag bei den vorliegenden Gesundheitsstörungen zu stellen,
- welche der Funktionsstörungen als Krankheitsfolgen zur Begründung des Antrags aufgeführt, das heißt geltend gemacht werden,

- ob die vorliegenden aktuellen ärztlichen Befunde als Nachweis eines Krankheitsereignisses ausreichen (z. B. Ausfall eines Bewegungsvorgangs durch Nervenlähmung) oder vervollständigt werden müssen,
- ob es erforderlich ist, den langjährigen Verlauf einer chronischen Krankheit darzustellen (z. B. Morbus Crohn),
- ob der Nachweis einer unaufhaltsamen Progression zu führen ist (z. B. bei PcP oder Krebs),
- ob im Antrag zu beschreiben ist, dass durch Therapie der Erkrankung keine Heilung, sondern nur die Verhinderung einer Progression ermöglicht wird (Zuckerkrankheit),
- ob nach einer Operation Funktionsstörungen zurückgeblieben sind (als Laie glaubt man häufig, dass jeder Zustand nach einer Operation als Behinderung gewürdigt wird), und
- ob zu erwarten ist, dass dem Patienten die Schwerbehinderteneigenschaft oder zumindest die Behinderteneigenschaft zuerkannt wird.

Ärztliche Befunde zu den Krankheiten des Betroffenen, die den geltend zu machenden Funktionsstörungen zugrunde liegen, müssen dem Versorgungsamt in jedem Fall als notwendige Nachweise vorgelegt werden.

Beispiel:

- Bei einem Beugedefizit im Kniegelenk nach Unfallverletzung oder Operation beinhalten orthopädisch fachärztliche Untersuchungsberichte die entsprechenden Messwerte der eingeschränkten Gelenk- bzw. Wirbelsäulenbeweglichkeit.
- Die schmerzfreie Gehstrecke bei arterieller Verschlusskrankheit beträgt auf dem Laufband 50 Meter (der Messwert wird im Bericht einer Gefäßambulanz ausgewiesen).
- Eine Hörminderung kann im Versorgungsamt ohne Vorlage eines Tonaudiogramms des HNO-Arztes, eine geltend gemachte Sehminderung ohne Prüfung der Sehschärfe nach Richtlinien der Deutschen Gesellschaft für Augenheilkunde beim Augenarzt im Allgemeinen nicht akzeptiert werden.

Diese Beispiele der Funktionseinschränkungen des Betroffenen liegen seinem Hausarzt oder seinen behandelnden Fachärzten vor. Sie sollten für den Antrag bereitgestellt werden.

Ärztliche Atteste

Ein ärztliches Attest oder Gutachten für teures Geld ist keine Bedingung und auch kein Vorteil zur Anerkennung von Gesundheitsstörungen durch das Versorgungsamt. Bei der Erstellung eines Attests wird sich allerdings der behandelnde Arzt bemühen, umfassend und eingehend die Behinderungen den Erfordernissen des Amts entsprechend darzustellen. Es kommt dabei nicht auf die wohlwollend umfangreichen Ausführungen des behandelnden Arztes über die zahlreichen Leiden des Patienten an, sondern insbesondere auf die Messergebnisse und Befunddokumentationen, die das genaue Ausmaß der jeweiligen Behinderungen wiedergeben. Außerdem es richtig, wenn er die zur Begründung notwendigen Befunde auf Aktualität überprüft und ggf. Kontrolluntersuchungen veranlasst. Für ein solches Attest verlangt der Arzt eine Gebühr nach der ärztlichen Gebührenordnung. Das Versorgungsamt übernimmt die Kosten für die vom Antragsteller besorgten ärztlichen Atteste oder Bescheinigungen allerdings nicht.

Wenn eine ärztliche Beratung nicht stattfindet, klärt das Versorgungsamt die Sachlage zu den geltend gemachten Gesundheitsstörungen von Amts wegen.

Wie das Antragsformular auszufüllen ist

Das für den Wohnort zuständige Versorgungsamt hat nach § 152 SGB IX auf Antrag den Grad der Behinderung und ggf. weitere gesundheitliche Merkmale festzustellen.

> ***Praxis-Tipp:***
>
> *In der Regel wird der Vordruck auch auf den Rathäusern und Gemeindeverwaltungen ausgegeben. Der Vordruck kann aber ebenso von der Website des für Sie zuständigen Versorgungsamts heruntergeladen werden (z. B. Bayern: www.zbfs.bayern.de). Im Übrigen übersenden die Versorgungsämter den Vordruck nach telefonischer oder schriftlicher Anforderung.*

Wichtig: Der Antrag auf Anerkennung der Schwerbehinderteneigenschaft kann auch formlos gestellt werden. Das Versorgungsamt sendet Ihnen daraufhin die Antragsformulare zu.
Wenn Sie den Vordruck handschriftlich ausfüllen, verwenden Sie bitte Blockschrift.

3

Der Antrag kann auch zur Niederschrift eingereicht werden. Das bedeutet: Der Antragsteller muss während der Sprechzeiten des Versorgungsamts dort vorsprechen. Die Angaben werden dann von einem Mitarbeiter des Versorgungsamts schriftlich aufgenommen.

Der ausgefüllte Antrag kann per Post oder Fax an das zuständige Versorgungsamt geschickt werden. Natürlich kann der Antrag auch persönlich abgegeben werden. Eine Antragstellung online ist mittlerweile auch möglich.

Wichtig: Geht der Antrag beim falschen Sozialleistungsträger ein, ist § 16 SGB I zu beachten: Er ist unverzüglich an den zuständigen Leistungsträger weiterzuleiten. Dies gilt auch, wenn der Antrag beim falschen Versorgungsamt eingereicht wird.

Die erste Seite des Antrags

Hier ist zu Beginn auszufüllen, welcher Antrag gestellt werden soll, ob es sich um eine erstmalige Antragstellung oder um einen Antrag auf Höherstufung handelt oder ob ein Antrag auf Feststellung des Merkzeichens gestellt werden soll.

Dann sind Angaben zur antragstellenden Person zu machen. Außerdem geht es um Angaben zur Staatsangehörigkeit:

- Staatsangehörigkeit deutsch
- Ausländer innerhalb der EU
- Ausländer außerhalb der EU
- andere Personen (z. B. Staatenlose)
- Deutsche, die im Ausland leben
- Deutsche, die im Ausland arbeiten

Wenn ein Kind schwer erkrankt ist, wird der Antrag von seinem gesetzlichen Vertreter, Betreuer oder von den Eltern des Kindes gestellt.

Wichtig ist in diesem Zusammenhang die Vorschrift des § 36 SGB I. Danach kann derjenige, der das 15. Lebensjahr vollendet hat,

- Anträge auf Sozialleistungen stellen und
- verfolgen sowie
- Sozialleistungen entgegennehmen.

Der gesetzliche Vertreter kann die Handlungsfähigkeit des Antragstellers durch eine schriftliche Erklärung gegenüber dem Leistungsträger einschränken.

Der Leistungsträger soll allerdings den gesetzlichen Vertreter über die Antragstellung und die erbrachten Sozialleistungen unterrichten.

Das Gleiche gilt in der Regel bei geistig behinderten oder sonst sehr schwerbehinderten Menschen wie Blinden. Zum Betreuer dieser Personen werden oftmals Verwandte oder sonstige Menschen ernannt, zu denen der behinderte Mensch Vertrauen hat.

Traut sich jemand nicht zu, den Antrag selbst zu stellen, wird er sich eines Beistands oder eines Bevollmächtigten bedienen. Viele Menschen wenden sich hier auch an ihren Hausarzt oder ihren behandelnden Arzt.

Wichtig: Die Vollmacht ermächtigt zu allen das Verwaltungsverfahren betreffenden Verfahrenshandlungen, wenn sich aus ihrem Inhalt nichts anderes ergibt.

Auf Verlangen hat ein Bevollmächtigter seine Vollmacht schriftlich nachzuweisen. Ein Widerruf der Vollmacht wird dem Leistungsträger gegenüber erst wirksam, wenn er diesem zugeht.

> ***Praxis-Tipp:***
>
> *Auch wenn das Versorgungsamt nicht unbedingt die schriftliche Vollmacht einsehen muss, in der Praxis geschieht dies meist. Es wird daher empfohlen, immer eine schriftliche Vollmacht auszustellen.*

Muster: Vollmacht

Max Brader
Wilhelmstr. 11
73711 Weinsheim

Vollmacht

Hiermit bevollmächtige ich, Max Brader, Weinsheim, meinen Schwager, Othmar Helmes, Römergasse 18, 73711 Weinsheim, meine Interessen im Verwaltungsverfahren beim Versorgungsamt Weinsheim zur Erlangung eines Schwerbehindertenausweises zu vertreten. Er kann alle Rechtshandlungen vornehmen, die auch mir möglich wären.

Weinsheim, den ...

(Unterschrift)

Wichtig: Ist für das Verfahren ein Bevollmächtigter bestellt, muss sich das Versorgungsamt an ihn wenden. Soweit der Beteiligte zur Mitwirkung verpflichtet ist, kann sich das Versorgungsamt an ihn wenden. Wendet sich das Versorgungsamt allerdings an den Betroffenen selbst, muss der Bevollmächtigte verständigt werden.

Die Vollmacht wird im Übrigen weder durch

- den Tod des Vollmachtgebers noch
- eine Veränderung in seiner Handlungsfähigkeit oder
- einer Veränderung seiner gesetzlichen Vertretung

aufgehoben.

Der Bevollmächtigte hat jedoch, wenn er für den Rechtsnachfolger im Verwaltungsverfahren auftritt, dessen Vollmacht auf Verlangen schriftlich beizubringen.

Vom Bevollmächtigten ist der Beistand zu unterscheiden. Ein Antragsteller kann nämlich zu Verhandlungen und Besprechungen mit einem Beistand erscheinen. Dabei gilt das von dem Beistand Vorgebrachte als von dem Antragsteller vorgetragen. Das gilt nur dann nicht, wenn dieser unverzüglich widerspricht.

Sowohl Bevollmächtigte als auch Beistände sind zurückzuweisen, wenn sie geschäftsmäßig fremde Rechtsangelegenheiten besorgen, ohne dazu befugt zu sein. Ein Antragsteller kann also beispielsweise einen Rentenberater bevollmächtigen. Stellt sich aber heraus, dass der Betreffende zwar als Rentenberater tätig ist, die dazu erforderliche Zulassung aber nicht besitzt, ist er als Beistand vom Versorgungsamt zurückzuweisen.

Die vorstehenden Grundsätze gelten natürlich auch für ausländische Mitbürger. Hier ist aber zu beachten, dass es – je nach Nationalität – viele Interessenvereinigungen gibt, die ausländischen Mitbürgern behilflich sind.

Im Übrigen kann natürlich jede Person des Vertrauens in Anspruch genommen werden. Außerdem kommen hier in Betracht:

- Mitglieder und Angestellte von Gewerkschaften
- Mitglieder und Angestellte von selbstständigen Vereinigungen von Arbeitnehmern mit sozial- und berufspolitischer Zwecksetzung
- Mitglieder und Angestellte von Vereinigungen von Arbeitgebern
- Mitglieder und Angestellte von berufsständischen Vereinigungen der Landwirtschaft
- Mitglieder und Angestellte von Vereinigungen, deren satzungsmäßige Aufgaben die gemeinschaftliche Interessenvertretung, die Beratung und Vertretung der Leistungsempfänger nach dem sozialen Entschädigungsrecht oder der behinderten Menschen wesentlich umfassen. Insbesondere sind hier Vertreter von Behindertenverbänden anzusprechen.

Die betroffenen Personen müssen kraft Satzung oder Vollmacht zur Prozessvertretung bevollmächtigt sein.

Läuft für jemanden ein Verwaltungsverfahren vor dem Versorgungsamt und hat dieser keinen Wohnsitz oder gewöhnlichen Aufenthalt im Inland, so muss er dem Versorgungsamt auf Verlangen innerhalb einer angemessenen Frist einen Empfangsbevollmächtigten benennen.

Unterlässt er dies, gilt ein an ihn gerichtetes Schreiben am siebten Tag nach der Aufgabe zur Post, ein elektronisch übermitteltes Dokument am dritten Tag nach der Absendung als zugegangen. Dies gilt allerdings nicht, wenn feststeht, dass das Dokument den Empfänger nicht oder zu einem späteren Zeitpunkt erreicht. Auf die Rechtsfolgen des Unterlassens hat das Versorgungsamt den Antragsteller hinzuweisen.

Natürlich können auch Rechtsanwälte beauftragt werden. Unter bestimmten Voraussetzungen kann der Antragsteller die hier anfallenden Kosten ersetzt bekommen.

3

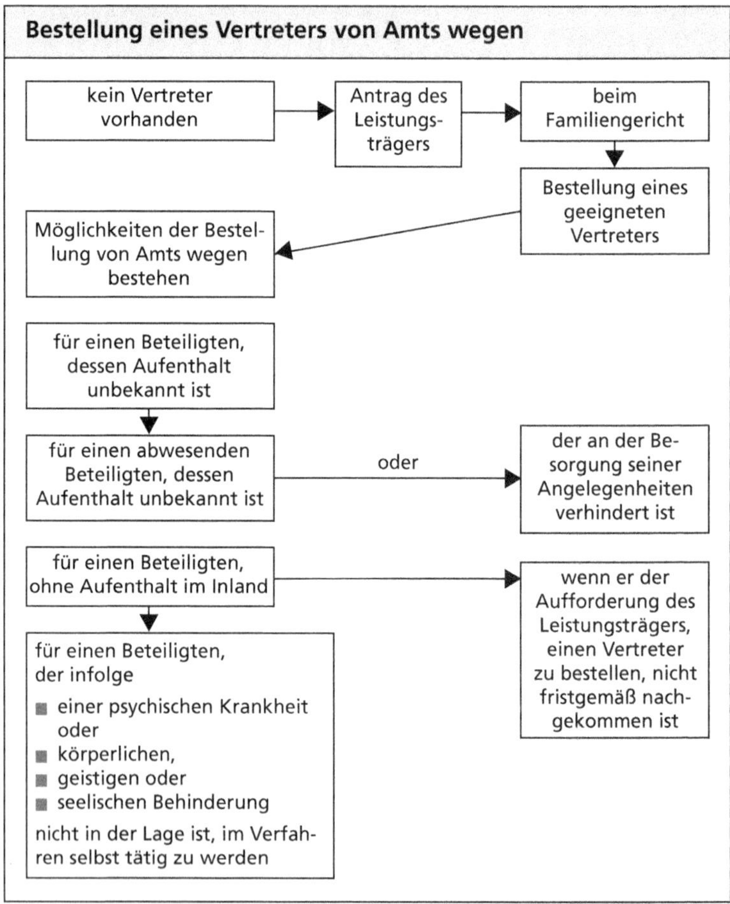

Angaben über die Gesundheitsstörung(en)/Behinderung(en)

Die Anträge können sich je Bundesland teilweise leicht unterscheiden und als Beispiel wird im Folgenden ein Antrag auf Schwerbehinderung im Bundesland Bayern dargestellt.

Punkt C1: „Welche körperlichen, geistigen oder seelischen Gesundheitsstörungen bzw. Behinderungen machen Sie geltend, die mindestens sechs Monate umfassen?“

Akute Erkrankungen wie z. B. Erkältungs- oder Magen-Darm-Infekte oder Kopfschmerzen stellen keine andauernden Gesundheitsstörungen dar. Sie müssen die Gesundheitsstörung nicht mit Fachausdrücken bezeichnen. Es genügen allgemeine Bezeichnungen, z. B. „Bluthochdruck“, „Wirbelsäulenerkrankung“, „Herzerkrankung“.

Punkt C2: „Ursache der Behinderung?“

Hier gibt es verschiedene mögliche Ursachen der Behinderung, welche anzukreuzen sind:

- angeborene Ursache
- Arbeitsunfall/Berufskrankheit
- Verkehrsunfall
- häuslicher Unfall
- sonstiger Unfall
- Kriegs-, Wehrdienst-, Zivildienstbeschädigung
- sonstige Krankheit (auch Impfschaden)
- sonstige Ursache

Punkt D: „Ausschluss von Gesundheitsstörungen“

Der Antragsteller kann bestimmen, dass über einzelne Gesundheitsstörungen keine Feststellung erfolgt. Das Versorgungsamt wird dann keine Befundberichte dazu beiziehen und die Gesundheitsstörung nicht in die Bewertung einbeziehen. Sie erscheint dann auch nicht im Bescheid.

Punkt E: „Weitere Angaben“

Bei der Bewertung der hier genannten Gesundheitsstörungen ist das Ausmaß der Beeinträchtigung in der Lebensführung wichtig. Um diese beurteilen zu können, benötigt das Versorgungsamt das Blutzuckertagebuch, den Migränekalender, das Schmerztagebuch oder eine vergleichbare Dokumentation (mindestens der letzten drei Monate). Des Weiteren kann unter diesem Punkt auch zusätzlich ein Antrag auf Blindengeld gestellt werden.

Punkt F: „Ärztliche Behandlungen zu C in den letzten zwei Jahren“

Für die Prüfung der geltend gemachten Gesundheitsstörungen werden
3 medizinische Unterlagen benötigt.

> ***Praxis-Tipp:***
>
> *Wenn Sie dem Antrag medizinische Unterlagen, die Ihnen vorliegen oder die Sie sich besorgen können, gleich beifügen, können Sie das Verfahren damit wesentlich beschleunigen.*
> *Es wird empfohlen, die betreffenden Ärzte vorab über die Antragstellung zu informieren sowie sich bei Ihrem Hausarzt aktuelle medizinische Unterlagen (auch dem Hausarzt vorliegende Facharztbefunde) kopieren zu lassen und gleichzeitig mit dem Antrag einzusenden. Die Unterlagen sollen nicht älter als zwei Jahre sein. Bloße Atteste mit Diagnosen, aber ohne Aussagen über Funktionseinschränkungen genügen nicht für die Feststellung. Falls eine Operation oder Rehamaßnahme bevorsteht, kann es sinnvoll sein, mit dem Antrag bis nach der Durchführung zu warten.*

Des Weiteren wird der Antragsteller aufgefordert, Namen und Adressen seiner behandelnden Ärzte bzw. Fachärzte zu nennen und Krankenhäuser sowie Rehaeinrichtungen anzugeben, in denen er in den vergangenen zwei Jahren untersucht oder therapiert wurde. Diese Frage bezieht sich selbstverständlich auf die geltend gemachten Gesundheitsstörungen.

Der Antragsteller wird gleichzeitig darüber in Kenntnis gesetzt und erklärt sich damit ausdrücklich einverstanden, dass das Versorgungsamt im Rahmen des Verwaltungsverfahrens und einem eventuell sich anschließenden Widerspruchsverfahren die betreffenden ärztlichen Unterlagen (Untersuchungsbefunde, Krankengeschichte, ärztliche Aufzeichnungen, Befundberichte, auch soweit sie von anderen Ärzten oder Stellen erstellt wurden) hinzuzieht.

Sein Einverständnis zur Entbindung der beteiligten behandelnden Ärzte und Amtsärzte von der Schweigepflicht ist aus datenschutzrechtlichen Gründen erforderlich.

Frage G1: „Erhalten Sie Rente wegen Erwerbsminderung aus der gesetzlichen Rentenversicherung oder haben Sie einen Antrag gestellt? Laufen dort Untersuchungen oder ist eine Klage beim Sozialgericht anhängig?“

Den hier genannten Stellen liegen in der Regel umfangreiche medizinische Unterlagen vor, die sich gut für eine Auswertung im Schwerbehindertenverfahren eignen. Das Versorgungsamt wird daher bei den genannten Stellen ggf. Unterlagen anfordern.

Frage G2: „Haben Sie bei der Pflegekasse/Pflegeversicherung Pflegeleistungen beantragt?“

Wer diese Frage mit Ja beantwortet, sollte Folgendes bedenken:

Es sollten die Anschrift des Sozialversicherungsträgers, die Versicherungsnummer, die begutachtende Stelle und der Tag der Begutachtung genannt werden. In diesem Zusammenhang gelten die bisherigen Ausführungen zum Datenschutz und zum Schutz der Privatsphäre.

Frage G3: „Hat ein anderes Versorgungsamt, eine andere Verwaltungsbehörde, eine Berufsgenossenschaft oder ein Gericht bereits eine Feststellung zu den gesundheitlichen Verhältnissen, den Gesundheitsstörungen, zum Grad der Behinderung (GdB), zur Minderung der Erwerbsfähigkeit (MdE), zum Grad der Schädigung (GdS) getroffen oder ist ein entsprechender Antrag gestellt?“

Wer diese Frage mit Ja beantwortet, sollte Folgendes bedenken:

Er wird nach den betreffenden Gesundheitsstörungen und nach den Behörden gefragt, bei denen diese gemeldet und bearbeitet wurden. Bei einem laufenden Verfahren, z. B. Arbeitsunfall bei der Berufsgenossenschaft, müssen der Unfalltag und das Aktenzeichen angegeben werden. Kopien von einem bereits vorliegenden Feststellungsbescheid oder sonstigen Verfahrensunterlagen sollten dem Antrag als Anlage immer beigefügt werden.

Zum Datenschutz bzw. Schutz der Privatsphäre gelten die zuvor genannten Gesichtspunkte.

Frage G4: „Soll der Schwerbehindertenausweis die Behinderungen ab Datum der Antragstellung oder ab einem früheren Datum nachweisen?“

Die Antwort auf diese Frage ist sehr wichtig. Wenn der Antragsteller z. B. einen Hirninfarkt mit bleibenden Lähmungen erlitten hat, gilt die Anerkennung der Behinderung vom Tag des Infarkts an und nicht ab dem Tag, an dem er einen Antrag gestellt hat. Dies trifft auch für den Verlust des Augenlichts oder die Amputation eines Beines etc. zu.

Der Zeitpunkt des Ereignisses der Behinderung muss nachweisbar sein. Dies ist z. B. nicht möglich bei chronischen Erkrankungen wie Arthrose von Gelenken, Bronchialasthma, Leberzirrhose etc. Ausnahme: Der Antragsteller kann beispielsweise mittels Lungenfunktionswerten nachweisen, dass bereits früher Asthma (Datum angeben) mit den gleichen Einschränkungen wie heute bestand.

Das Versorgungsamt ist am genauen Zeitpunkt des Eintritts der Behinderung auch deshalb interessiert, um dadurch die Intensität der Behinderung abzuschätzen. Der Antragsteller ist dabei nicht verpflichtet, diese Angaben zu machen und kann auch wahrheitsgemäß angeben, dass er dies nicht mehr weiß.

Hat sich das vom Versorgungsamt anerkannte Leiden verschlimmert bzw. ist ein neues Leiden hinzugetreten, besteht die Möglichkeit, beim Versorgungsamt einen Neufeststellungsantrag zu stellen. Hierzu gibt es entsprechende Vordrucke beim Versorgungsamt.

Wert keinen Schwerbehindertenausweis benötigt, kreuzt die entsprechende Rubrik an. Dies wird allerdings die Ausnahme sein.

Mit der Unterzeichnung des Antrags auf Anerkennung der Eigenschaft als Schwerbehinderter durch den Antragsteller, dessen Bevollmächtigten oder Vertreter ist eine Mitwirkungspflicht nach § 60 SGB I entstanden. Die Unterschrift bedeutet gleichzeitig das ausdrückliche Einverständnis zur Entbindung der mitwirkenden Ärzte, Krankenhäuser, Rehaeinrichtungen und Behörden von der Schweigepflicht.

Beachten Sie hierzu die vorangegangenen Ausführungen zu den Mitwirkungspflichten.

Antrag auf Neubewertung

Der behinderte Antragsteller kann bei einer Verschlimmerung oder Verschlechterung seines Gesundheitszustandes bzw. der Behinderung eine Neubewertung beantragen. Er muss dies nach den Vorschriften über die Mitwirkungspflichten allerdings auch tun, wenn die Behinderung z. B. nicht mehr besteht bzw. nur noch in geringem Umfang vorhanden ist.

Er ist also verpflichtet, Änderungen in seinem Krankheits- und Behinderungszustand dem Versorgungsamt zu melden und eine Neubewertung zu beantragen. In diesem Sinne wird ständig eine große Zahl von Änderungsanträgen in den Versorgungsämtern bearbeitet.

Der Bescheid über die Anerkennung der Schwerbehinderung ist als Verwaltungsakt mit Dauerwirkung nach § 48 SGB X anzusehen. Dabei ist geregelt, dass der Verwaltungsakt mit Wirkung für die Zukunft aufzuheben ist, soweit in den tatsächlichen oder rechtlichen Verhältnissen, die beim Erlass eines Verwaltungsaktes mit Dauerwirkung vorgelegen haben, eine wesentliche Änderung eintritt. Der Verwaltungsakt soll mit Wirkung vom Zeitpunkt der Änderung der Verhältnisse aufgehoben werden, soweit

- die Änderung zugunsten des Betroffenen erfolgt,
- der Betroffene einer durch Rechtsvorschrift vorgeschriebenen Pflicht zur Mitteilung wesentlicher für ihn nachteiliger Änderungen der Verhältnisse vorsätzlich oder grob fahrlässig nicht nachgekommen ist,
- nach Antragstellung oder Erlass des Verwaltungsaktes Einkommen oder Vermögen erzielt worden ist, das zum Wegfall oder zur Minderung des Anspruchs geführt haben würde, oder
- der Betroffene wusste oder nicht wusste, weil er die erforderliche Sorgfalt in besonders schwerem Maße verletzt hat, dass der sich aus dem Verwaltungsakt ergebende Anspruch kraft Gesetzes zum Ruhen gekommen oder ganz oder teilweise weggefallen ist.

Als Zeitpunkt der Änderung der Verhältnisse gilt in Fällen, in denen Einkommen oder Vermögen auf einen zurückliegenden Zeitraum aufgrund der Vorschriften des SGB I anzurechnen ist, der Beginn des Anrechnungszeitraumes.

Eine wesentliche Änderung im Sinne des § 48 SGB X liegt vor, wenn sich der GdB um mindestens 10 ändert. Dann prüft das Versorgungsamt auch von Amts wegen, ob in den medizinischen oder sozialrechtlichen

Voraussetzungen, die zu der ursprünglichen Entscheidung führten, eine wesentliche Änderung eingetreten ist.

Wesentliche Änderungen als Grund für einen Neufeststellungsantrag muss der Antragsteller benennen, z. B.:

- Verschlimmerung eines bereits geltend gemachten Leidens (z. B. Steigerung einer arteriellen Verschlusserkrankung von Stadium III auf Stadium IV)
- Auftreten von Komplikationen einer Krankheit (z. B. Polyneuropathie bei Zuckerkrankheit)
- Hinzukommen einer neuen Erkrankung bzw. Behinderung (z. B. Herzminderleistung, Gehirnschlag, Tumorkrankheit)
- Antrag auf Vergabe von Merkzeichen (z. B. Gehbehinderung)

Die zur Begründung des Antrags aufgeführten gesundheitlichen Änderungen müssen gegenüber der Vorbewertung eine wesentliche Verschlimmerung darstellen. Dies bedeutet eine nachweisbare Zunahme der bestehenden Funktionsbehinderungen gegenüber der Vorbewertung. Der Nachweis muss durch aktuelle Untersuchungsbefunde erbracht werden.

Das Ergebnis der Neubewertung der Schwerbehinderteneigenschaft kann darin bestehen, dass ein Einzel- und ggf. der Gesamt-GdB herauf- oder herabgesetzt wird und/oder Merkzeichen an- oder aberkannt werden.

> **Wichtig:** Stellt sich allerdings im Verschlimmerungsverfahren heraus, dass der GdB ursprünglich als zu hoch angesetzt war, so kann es auch unter den Voraussetzungen des § 45 SGB X zu einer Neufeststellung des behinderten Menschen kommen.

Wurde ein Änderungsantrag gestellt, führt das Versorgungsamt das Verfahren von Amts wegen. Der Antragsteller erhält einen Brief des Versorgungsamts mit dem Erhebungsbogen „Neufeststellung nach dem SGB IX“.

Darin steht wörtlich:

Muster: Erhebungsbogen

Sehr geehrte(r) Antragsteller(in),

Sie beantragen

- ☐ die Erhöhung des Grades der Behinderung (GdB) wegen Verschlimmerung der bisher berücksichtigten Gesundheitsstörung – neu aufgetretene Gesundheitsstörungen.
- ☐ die Feststellung weiterer gesundheitlicher Merkmale für die Inanspruchnahme von Nachteilsausgleichen.
- ☐ die Verlängerung des bisherigen – die Ausstellung eines neuen – Ausweises.

- Ihre behandelnden Ärzte werden um die Zusendung von aktuellen Untersuchungsunterlagen sowie eines Befundscheines gebeten.
- Es erfolgt eine Begutachtung der aktuellen Krankheitssituation und des GdB im Vergleich zur Vorbewertung.
- Das Ergebnis der Nachprüfung wird in einem Feststellungsbescheid abgefasst.
- Im Bescheid des Versorgungsamts wird der Betroffene über eventuelle Änderungen der Schwerbehinderteneigenschaften und der Merkzeichen informiert. Diese möglichen Änderungen sind:
  - Heraufsetzung oder Beibehaltung der Gesamt-GdB
  - Anerkennung von zusätzlichen Merkzeichen
- Eine Rechtsmittelbelehrung schließt den Bescheid ab.
- Der Ausweis wird gemäß dem neuen Feststellungsbescheid geändert.

Zu beachten ist in diesem Zusammenhang auch die Nachprüfung der Feststellung der Schwerbehinderteneigenschaft durch das Versorgungsamt. Wann diese Nachprüfung erfolgt, wird in der Regel bereits durch den ärztlichen Gutachter festgelegt (siehe auch Kapitel 4).

4.

Bearbeitung des Antrags

Grundsätze

Der Antrag auf Anerkennung der Schwerbehinderteneigenschaft wird nach § 152 SGB IX bei dem für den Wohnort des Antragstellers zuständigen Versorgungsamt eingereicht. Er beinhaltet die geltend gemachten Gesundheitsschäden und die dazugehörigen Angaben der behandelnden Ärzte einschließlich der Einreichung von Untersuchungsbefunden.

Der Antrag kann mittlerweile online am Computer gestellt werden. Dies geht schneller und spart Portokosten.

Das Anerkennungsverfahren besteht aus:

- verwaltungsseitigen Ermittlungen
- ärztlicher Begutachtung
- Feststellung des Grades der Behinderung
- Erlassen eines behördlichen Bescheids über die Feststellung des Grades der Behinderung und der Merkmale für die Inanspruchnahme von Nachteilsausgleichen
- Ausstellung eines Ausweises

Die zuständige Behörde ermittelt den Sachverhalt zur Feststellung der Behinderung von Amts wegen. Nach diesem in § 20 Abs. 1 Satz 1 SGB X geregelten Untersuchungsgrundsatz bestimmt das Versorgungsamt bzw. die nach Landesrecht zuständige Stelle Art und Umfang der Ermittlungen, ohne an das Vorbringen und an die Beweisanträge der Beteiligten gebunden zu sein. Es hat alle für den Einzelfall bedeutsamen, auch die für die Beteiligten günstigen Umstände, zu berücksichtigen.

Zu den Mitwirkungspflichten des behinderten Menschen gehören insbesondere die Pflicht zur Angabe von Tatsachen und Beweismitteln, persönliches Erscheinen und Verfügbarkeit zu ärztlichen und psychologischen Untersuchungsmaßnahmen.

Zur Amtsermittlung gehören die Bereitstellung von:

- eventuell vorliegenden Vorgängen im Versorgungsamt
- Berichten von Ärzten
- Gutachten im Bereich der Sozialversicherung
- Unterlagen von Krankenhäusern, Kurkliniken, Rehabilitationseinrichtungen, Schulen oder Werkstätten für Behinderte etc.

- Unterlagen über Vorgänge bei den Gesundheitsämtern, Fürsorgestellen, beim Medizinischen Dienst der Krankenversicherung
- Krankenkassenauszüge

Die Verwaltung prüft, ob die Anträge sorgfältig ausgefüllt wurden. Falls notwendig, werden bereits im Vorfeld Nachfragen gestellt.

> ***Praxis-Tipp:***
>
> *Für die Prüfung der geltend gemachten Gesundheitsstörungen benötigt das Versorgungsamt medizinische Unterlagen. Wenn Sie dem Antrag medizinische Unterlagen, die Ihnen vorliegen oder die Sie sich besorgen können, gleich beifügen, können Sie das Verfahren damit wesentlich beschleunigen.*

Es wird empfohlen, die betreffenden Ärzte vorab über die Antragstellung zu informieren sowie sich bei Ihrem Hausarzt aktuelle medizinische Unterlagen (auch dem Hausarzt vorliegende Facharztbefunde) kopieren zu lassen und gleichzeitig mit dem Antrag einzusenden. Die Unterlagen sollen nicht älter als zwei Jahre sein.

Bloße Atteste mit Diagnosen, aber ohne Aussagen über Funktionseinschränkungen genügen nicht für die Feststellung. Falls eine Operation oder Rehamaßnahme bevorsteht, kann es sinnvoll sein, mit dem Antrag bis nach der Durchführung zu warten.

Die behandelnden Ärzte werden im Rahmen der amtlichen Aufklärung der Sachlage aufgefordert, für das Versorgungsamt einen Befundschein über die Gesundheitsstörungen des Antragstellers auszustellen.

Neben der Einwilligungserklärung auf diesem Antrag benötigt das Versorgungsamt als Nachweis gegenüber den vorgenannten Ärzten und Stellen weitere, abtrennbare Exemplare, um diese bei Bedarf dort vorzulegen. Ohne die Einwilligung des Antragstellers können dort keine Unterlagen angefordert werden.

Bei der Entbindung von der ärztlichen Schweigepflicht handelt es sich um eine höchstpersönliche Erklärung, die der Antragsteller selbst unterschreiben muss, wenn er dazu in der Lage ist und die Bedeutung dieser Erklärung versteht. Die abtrennbaren Einwilligungserklärungen dürfen daher von einem Vertreter nur dann unterschrieben werden, wenn es sich um eine gesetzliche Vertretung (Eltern für minderjährige

Kinder), gerichtlich angeordnete Betreuung oder um eine Vorsorgevollmacht o. ä. handelt.

Der Akteninhalt kann bereits im Vorfeld die Notwendigkeit eines Fachgutachtens ergeben. Durch die beschriebenen Vorbereitungsarbeiten der Verwaltung wird gesichert, dass die Unterlagen für die ärztliche Aktenbegutachtung in überzeugender Weise ein ausreichendes Bild von Art und Ausmaß aller geltend gemachten Gesundheitsstörungen vermitteln. Der Antragsteller kann der Zuleitung des Antrags an einen Außengutachter widersprechen.

Das Gleiche gilt auch für ein Aktengutachten. Hier kann eine gutachterliche (körperliche) Untersuchung verlangt werden. Allerdings entscheidet in einem solchen Fall das Versorgungsamt, welche Art von Gutachten tatsächlich durchgeführt wird. Ein Rechtsanspruch auf eine persönliche ärztliche Untersuchung besteht allerdings nicht.

Bestandteile eines Gutachtens im Schwerbehindertenrecht

Der Aufbau eines Gutachtens im Schwerbehindertenrecht unterscheidet sich nicht wesentlich von denjenigen in anderen Gerichtsverfahren. Erforderlich sind das Datum der Gutachtenserstellung und der eventuellen Untersuchung des zu Begutachtenden, die Nennung von Auftraggeber und Patienten, die Wiedergabe der Beweisfragen, die Auflistung der zur Verfügung stehenden Unterlagen, ein Auszug aus den für die Begutachtung relevanten Unterlagen, eine Arbeitsplatzbeschreibung, die soziale Anamnese, die Schilderung der Beschwerden des Patienten, die Befunde aufgrund der körperlichen und evtl. technischen Untersuchung, die Beurteilung, also Zusammenfassung der gewonnenen Erkenntnisse und die konkrete Beantwortung der Beweisfragen.

Angaben zum Untersuchungszeitpunkt

Die Angabe zum Untersuchungszeitpunkt ist bedeutsam, um eine gesundheitliche Entwicklung, z. B. eine Verschlimmerung, zeitlich einordnen zu können. Insbesondere in den Fällen, in denen streitig ist, ob eine wesentliche Verschlimmerung gegenüber einem früheren Bescheid i. S. d. § 48 SGB X oder eine Verschlimmerung der Beschwerden seit einem angefochtenen Bescheid im Verfahren eingetreten ist, spielt der Zeitpunkt der Untersuchung eine wesentliche Rolle.

Nennung des verwendeten Aktenmaterials

Um beurteilen zu können, ob der Sachverständige alle Vorbefunde ausgewertet hat, ist dem Gutachten eine Auflistung des ihm zur Verfügung stehenden Aktenmaterials beizufügen. Der für das Gutachten zu formulierende Aktenauszug beschränkt sich dabei auf diejenigen Aktenbestandteile, die im Gutachten, insbesondere bei der Beantwortung der Beweisfragen, von Bedeutung sind. Vom Patienten mitgebrachte neuere Befunde sind zu bewerten und in Kopie dem Gericht mit dem Gutachten vorzulegen. Zulässig ist es auch, wenn der Sachverständige sich die für die Erhebung der Anamnese erforderlichen Unterlagen selbst beschafft, etwa kurz vor der Begutachtung erstellte Röntgenaufnahmen.

Anamnese

Ein wichtiger Bestandteil des Gutachtens ist auch die Anamnese. Aufzuführen sind die persönliche Vorgeschichte des Patienten (soziale Anamnese) einschließlich des beruflichen Werdegangs, die Angaben des Patienten über seine Beschwerden und deren bisherige Behandlung. Die soziale Anamnese, vor allem der Tagesablauf und Angaben zu Freizeitaktivitäten, sind insbesondere von Bedeutung, wenn Fragen der Teilhabebeeinträchtigung zu beantworten sind. Aus den hier wiedergegebenen Angaben lassen sich oft Rückschlüsse auf die Beeinträchtigung im psychischen Bereich ziehen, auch und vor allem, wenn die Anamnese nicht in einem psychiatrischen Gutachten enthalten ist.

Wiedergabe der Befunde

Wichtigster Bestandteil, um das Gutachten überhaupt verwerten zu können, ist die Wiedergabe der vom Sachverständigen erhobenen Befunde, bzw. der technischen Messergebnisse, soweit sie für die GdB-Bewertung relevant sind. Im orthopädischen Gutachten sind das z. B. vor allem Angaben zur Mobilität und den Bewegungsmaßen der Gelenke und Wirbelsäule nach der sogenannten Neutral-Null-Methode, im internistischen Gutachten beispielsweise die Blutdruckwerte und die Ergebnisse eines Belastungs-EKG. Aber auch allgemeine körperliche Daten wie Größe, Gewicht, Allgemeinzustand, Bemuskelung, Beschwielung, aktuelle Medikation sowie der Allgemeineindruck (z. B. offen oder verschlossen) sind ebenso mitzuteilen wie die Beurteilung, ob es Hinweise auf eine Simulation oder Aggravation gibt. Auch wenn es schon zahlreiche Vorbefunde gibt, darf in der Regel nicht auf eine eigene Befundaufnahme verzichtet werden. Eine Ausnahme bilden Gutachten nach Aktenlage. Da es in den meisten Verfahren nach dem

SGB IX um die aktuelle Teilhabebeeinträchtigung geht, sind Gutachten nach Aktenlage aber eher seltener. Sie sind nur sinnvoll, wenn die schon vorhandenen medizinischen Befundunterlagen ausreichen, um Art und Umfang der Gesundheitsstörungen überzeugend wiederzugeben. Ist das nicht der Fall, hat der mit einem Aktengutachten beauftragte Sachverständige das Gericht darauf hinzuweisen.

Grenzen der Verwertbarkeit des Gutachtens

Ein Gutachten ist nur verwertbar, soweit die fachliche Kompetenz des Sachverständigen gegeben ist und dieser das Gutachten selbst erstellt hat. Der Sachverständige darf daher seine fachliche Zuständigkeit nicht überschreiten. Das ist in der Praxis gelegentlich ein Problem, wenn ein Facharzt zu Bereichen eines fremden Fachgebietes Stellung nimmt. Um sich nicht dem Vorwurf auszusetzen, fachfremd seine Kompetenz zu überschreiten, muss er diese dann näher begründen.

Unzulässig ist die eigenmächtige Übertragung des Gutachtensauftrags an einen anderen Arzt, während die Hinzuziehung von Hilfspersonen zulässig ist. Dazu zählen etwa Laboruntersuchungen, die Ableitung eines EKG und Röntgenaufnahmen.

Dabei kommt es nicht auf die ausgeübte oder angestrebte Erwerbstätigkeit an. Insbesondere sagt der GdB nicht aus, inwieweit jemand bei seiner Arbeit oder im Beruf beeinträchtigt ist.

Für jede Gesundheitsstörung wird ein Einzel-GdB ermittelt. Maßgebend für die Feststellung ist jedoch der Gesamt-GdB, für den die Auswirkungen der Gesundheitsstörungen insgesamt unter Berücksichtigung ihrer wechselseitigen Beziehungen zueinander bewertet werden. Dabei dürfen die Einzel-GdBs nicht addiert werden.

Dauer des Verfahrens

Die Dauer des Verfahrens hängt vom Einzelfall ab und lässt sich daher nicht genau vorhersagen. Werden dem Antrag selbstaussagekräftige Unterlagen beigelegt, geht es schneller, weil dann idealerweise nichts von den behandelnden Ärzten angefordert werden muss. Hilfreich für die Bearbeitungsdauer ist es auch, wenn die Befunde neueren Datums sind und die vorliegenden Funktionsstörungen eindeutig beinhalten oder belegen.

Im Regelfall ist damit zu rechnen, dass es einige Monate dauert, bis der Bescheid erstellt werden kann. Selbstverständlich bemüht sich das Versorgungsamt, darauf zu achten, dass dringende Fälle rasch bearbeitet werden. Über die Dringlichkeit muss es allerdings vom Antragsteller erst verständigt werden. Die Beachtung dieser Bedingungen kann die Bearbeitung des Antrags erheblich beschleunigen. Darauf wird im Antragsformular ausdrücklich hingewiesen.

Nachprüfung von Amts wegen

Das Versorgungsamt kann von sich aus prüfen, ob die Voraussetzungen für das Vorliegen von Schwerbehinderung noch gegeben sind oder sich die Verhältnisse nach der letzten Entscheidung geändert haben („Nachprüfung von Amts wegen"). Eine solche Nachuntersuchung ist erforderlich, wenn der ärztliche Gutachter einen Termin zur Überprüfung des Gesundheitszustandes angesetzt hat. Die Nachprüfung wird in der Regel bereits im Feststellungsbescheid angekündigt.

Dabei spielt der Begriff der Heilungsbewährung eine wesentliche Rolle, d. h., bei Gesundheitsstörungen, die zu Rückfällen neigen, wird eine Zeit des Abwartens von zwei bis fünf Jahren eingeräumt. Während dieser Zeit wird ein höherer GdB anerkannt. Abzuwarten ist eine Heilungsbewährung bei Erkrankungen, bei denen der Behandlungserfolg nicht mit Sicherheit abzuschätzen ist, wie z. B. nach Transplantationen innerer Organe und vor allem nach bösartigen Tumoren. Bei der Nachuntersuchung geht es nicht darum, den Grad der Behinderung in jedem Fall herabzusetzen, sondern die aktuellen gesundheitlichen Verhältnisse zu prüfen. Soweit allerdings kein Rückfall feststellbar ist, wird für die Zukunft in der Regel ein niedrigerer GdB festgesetzt.

Bei dem überwiegend größten Teil der geltend gemachten Gesundheitsstörungen handelt es sich um chronisch fortschreitende Erkrankungen, d. h., mit einer Änderung oder Besserung ist nicht zu rechnen. In solchen Fällen ist von einer Nachprüfung abzusehen.

Ablauf der Nachprüfung

4

- Das Versorgungsamt ermittelt von Amts wegen. Sie erhalten darüber einen Bescheid des Versorgungsamts sowie den Erhebungsbogen „Neufeststellung nach dem Sozialgesetzbuch Neuntes Buch (SGB IX)“: „Sehr geehrte(r) Antragsteller(in), es ist nachzuprüfen, ob in den Verhältnissen, die für die letzte Feststellung nach dem SGB IX maßgebend gewesen sind, eine wesentliche Änderung eingetreten ist.“
- Ihre behandelnden Ärzte werden um die Zusendung von aktuellen Untersuchungsunterlagen sowie eines Befundscheins gebeten.
- Es erfolgt eine Begutachtung der aktuellen Krankheitssituation und des GdB im Vergleich zur Vorbewertung. Beispiel: Hat sich Ihre Krankheitssituation und Ihre Behinderung fünf Jahre nach der Tumoroperation und Nachbestrahlung gebessert oder sind Rezidivtumore (Tumorneubildung nach Abheilung der Tumorkrankheit durch Operation oder Bestrahlung) bzw. Metastasen aufgetreten? Haben sich die Lähmungserscheinungen nach dem Gehirninsult vor zwei Jahren zurückgebildet?
- Das Ergebnis der Nachprüfung wird in einem Feststellungsbescheid abgefasst.
- Im Bescheid des Versorgungsamts wird der Betroffene über eventuelle Änderungen der Schwerbehinderteneigenschaften und der Merkzeichen informiert. Diese Änderungen sind:
  - Heraufsetzung, Beibehaltung oder Herabsetzung des Gesamt-GdB
  - An- oder Aberkennung von Merkzeichen.
- Eine Rechtsmittelbelehrung schließt den Bescheid ab.
- Der Ausweis wird gemäß dem neuen Feststellungsbescheid geändert.

5.

Der Ausweis: GdB und Vergabe von Merkzeichen

Prozente für die einzelnen Funktionsstörungen

Das Vorliegen einer Behinderung und deren Grad (GdB) sind nur auf Antrag des behinderten Menschen, nicht aber von Amts wegen von den für die Durchführung des SGB IX zuständigen Behörden, den örtlich zuständigen Versorgungsämtern, festzustellen, soweit nicht eine andere landesrechtliche Zuständigkeit besteht. Die Antragstellung steht damit im Belieben des behinderten Menschen. Da es sich weder bei der Feststellung einer Behinderung noch bei der Änderung des GdB um eine Sozialleistung handelt, kann der Antrag auch nicht von
5 erstattungsberechtigten Trägern der Sozial- (vgl. § 95 SGB XII) oder Jugendhilfe (vgl. § 97 SGB VIII) gestellt werden. Auf seine Eigenschaft als schwerbehinderter Mensch kann der Betroffene nicht i. S. d. § 46 SGB I in entsprechender Anwendung verzichten, da es insoweit allein auf das Vorliegen der gesetzlichen Voraussetzungen ankommt. Verzichten kann und darf er indessen auf die behördliche Feststellung einer bestimmten Funktionseinschränkung bei Feststellung der Schwerbehinderung.

Als GdB werden nach § 152 Abs. 1 Satz 5 SGB IX die Auswirkungen auf die Teilhabe am Leben in der Gesellschaft nach Zehnergraden abgestuft festgestellt. Hierbei handelt es sich um einen groben, abstrakten Maßstab. Ein berechtigtes Interesse an der Feststellung eines GdB ist erst ab einem GdB von wenigstens 20 zu treffen, vgl. § 152 Abs. 1 Satz 6 SGB IX. Änderungen des GdB um nicht mehr als 5 sind daher unmaßgeblich. Dies bedeutet, dass eine Änderung des GdB um weniger als 10 keinen Einfluss auf den festgestellten Gesamt-GdB hat.

Anders liegt der Fall, wenn die Versorgungsverwaltung die Erstfeststellung eines GdB abgelehnt hat (GdB von 15) und jetzt die beantragte Erhöhung um 5 erstmals zu einer Feststellung des GdB von 20 führt. § 152 SGB IX enthält selbst keine weiteren inhaltlichen Vorgaben zur Feststellung des GdB. Umso wichtiger ist es daher, das Bewertungssystem nach den Versorgungsmedizinischen Grundsätzen zu verstehen.

Maßstäbe der GdB-Feststellung

Soweit von der in § 153 Abs. 2 SGB IX enthaltenen Verordnungsermächtigung noch nicht abschließend Gebrauch gemacht worden ist, gelten bei der GdB-Feststellung die Maßstäbe von § 30 Abs. 1 BVG und der auf § 30 Abs. 16 BVG beruhenden Versorgungsmedizin-Verordnung entsprechend (i. V. m. der Anlage zu § 2 VersmedV vom 10.12.2008, BGBl. I S. 2412 i. d. F. von Art. 18 Abs. 4 Nr. 2 Buchst. a des BTHG vom 23.12.2016, BGBl. I, S. 3234). Die Versorgungsmedizin-Verordnung wird derzeit teilhabeorientiert überarbeitet. Bis dahin gelten die bisherigen Maßstäbe

Der Gesetzgeber hat bisher von der Verordnungsermächtigung nach § 153 Abs 2 SGB IX nicht Gebrauch gemacht und und deshalb gelten weiterhin die bisher schon gültigen Maßstäbe zur GdB-Feststellung. Die Anlage zu § 2 VersmedV normiert in Teil A Nr. 2 ausdrücklich, dass „GdS und GdB nach gleichen Grundsätzen bemessen werden". Der dort genannte relevante Unterschied besteht darin, dass der GdS nur auf die Schädigungsfolgen (kausal) abstellt, während der GdB (final) alle Gesundheitsstörungen unabhängig von ihrer Ursache einbezieht. Der GdS stellt also auf Schädigungsfolgen ab, während der GdB alle Gesundheitsstörungen, egal ob es eine Schädigungsfolge ist oder nicht, mit einbezieht. Beide Begriffe haben die Auswirkungen von Funktionsbeeinträchtigungen in allen Lebensbereichen und nicht nur die Einschränkungen im allgemeinen Erwerbsleben zum Inhalt. GdS und GdB sind ein Maß für die körperlichen, geistigen, seelischen und sozialen Auswirkungen einer Funktionsbeeinträchtigung aufgrund eines Gesundheitsschadens. Weder GdS noch GdB lassen auf das Ausmaß der Leistungsfähigkeit schließen. Sie sind grundsätzlich unabhängig vom ausgeübten Beruf zu beurteilen. Anders als nach § 98 SGB XIV ist der GdB nicht wegen einer besonderen beruflichen Betroffenheit zu erhöhen.

Der Begriff GdS verdeutlicht, dass es um die o. g. umfassenden Auswirkungen einer Funktionsbeeinträchtigung aufgrund eines Gesundheitsschadens geht. Inhaltliche Änderungen in den abstrakten Bewertungsmaßstäben sind bisher nicht erfolgt. Die Rechtsprechung orientiert sich am Finalitätsprinzip, d. h. eine Leistung wird am Bedarf ausgerichtet, und zwar unabhängig davon, was die Ursache des Bedarfs ist.

Durch § 153 Abs. 2 SGB IX wurde eine neue Ermächtigungsgrundlage zum Erlass einer Rechtsverordnung mit Zustimmung des Bundesrats zur Aufstellung von Grundsätzen geschaffen, die für die Bewertung des Grades der Behinderung, die Kriterien für die Bewertung der Hilflosigkeit und die Voraussetzungen für die Vergabe von Merkzeichen maßgebend sind, die nach dem Bundesrecht im Schwerbehindertenausweis einzutragen sind.

5 Der Abschluss der gesamten Überarbeitung der VersMedV war bereits für das Ende 2016 geplant (vgl. BT-Drucks. 17/12984, S. 33 Nr. 55). Daraus erschließt sich auch die jeweilige Dauer der Gültigkeit der einzelnen Änderungen. Die VersmedV bildet die materiell-rechtliche Grundlage für die Feststellung des GdB. Die VersMedV ist als Rechtsverordnung verbindlich für Verwaltung und Gerichte.

Wichtig: Gesundheitsstörungen, die erst in Zukunft zu erwarten sind, sind beim GdB nicht zu berücksichtigen. Die Notwendigkeit des Abwartens einer Heilungsbewährung stellt eine andere Situation dar. Während der Zeit dieser Heilungsbewährung ist ein höherer GdB gerechtfertigt, als er sich aus dem festgestellten Schaden ergibt.

Der GdS setzt eine nicht nur vorübergehende und damit eine über einen Zeitraum von mehr als sechs Monaten sich erstreckende Gesundheitsstörung voraus. Dementsprechend ist bei abklingenden Gesundheitsstörungen der Wert festzusetzen, der dem über sechs Monate hinaus verbliebenen – oder voraussichtlich verbleibenden – Schaden entspricht. Schwankungen im Gesundheitszustand bei längerem Leidensverlauf ist mit einem Durchschnittswert Rechnung zu tragen.

Dies bedeutet: Wenn bei einem Leiden der Verlauf durch sich wiederholende Besserungen und Verschlechterungen des Gesundheitszustandes geprägt ist (z. B. chronische Bronchitis, Hautkrankheiten), können die zeitweiligen Verschlechterungen – aufgrund der anhaltenden Auswirkungen auf die gesamte Lebensführung – nicht als vorübergehende

Gesundheitsstörungen betrachtet werden. Dementsprechend muss in solchen Fällen bei der GdB- und GdS-Beurteilung von dem „durchschnittlichen" Ausmaß der Beeinträchtigung ausgegangen werden.

Die „Versorgungsmedizinischen Grundsätze" führen detaillierte Bewertungsrichtlinien im Sinne der beschriebenen und dargelegten Beispiele für folgende Organsysteme auf:

- Kopf und Gesicht
- Nervensystem und Psyche
- Sehorgan
- Hör- und Gleichgewichtsorgan
- Nase
- Mundhöhle, Rachenraum und obere Luftwege
- Brustkorb, tiefere Atemwege und Lungen
- Herz und Kreislauf
- Verdauungsorgane
- Brüche (Hernien)
- Harnorgane
- Geschlechtsorgane
- Stoffwechsel, Innere Sekretion
- Blut, blutbildende Organe, Immunsystem
- Haut
- Haltungs- und Bewegungsorgane, rheumatische Krankheiten

Ein Kommentar zur gutachterlichen Bewertung aller Gesundheitsschäden würde den Rahmen dieses Buches sprengen. Deshalb sollen nur beispielhaft solche Fälle behandelt werden, die in den Anträgen häufig problematisch dargestellt erscheinen.

Nach § 152 Abs. 1 SGB IX wird klargestellt, dass der Grad der Behinderung festgelegt wird, der zum Zeitpunkt der Antragstellung gilt. Auf Antrag kann allerdings festgestellt werden, dass ein Grad der Behinderung oder gesundheitliche Merkmale bereits zu einem früheren Zeitpunkt vorgelegen haben. Voraussetzung ist, dass dafür ein besonderes Interesse glaubhaft gemacht wird.

Gesundheitsschaden am Bewegungs- und Stützapparat

Dieser Abschnitt umfasst Haltungsschäden, degenerative Veränderungen, osteopenische Krankheiten, posttraumatische Zustände, chronische Osteomyelitis, entzündlich-rheumatische Krankheiten, Kollagenosen und Vaskulitiden sowie nichtentzündliche Krankheiten der Weichteile. Der GdS für angeborene und erworbene Schäden an den Haltungs- und Bewegungsorganen wird entscheidend bestimmt durch die Auswirkungen der Funktionsbeeinträchtigungen (Bewegungsbehinderung, Minderbelastbarkeit) und die Mitbeteiligung anderer Organsysteme. Die üblicherweise auftretenden Beschwerden sind dabei mitberücksichtigt.

Außergewöhnliche Schmerzen sind ggf. zusätzlich zu berücksichtigen. Schmerzhafte Bewegungseinschränkungen der Gelenke können schwerwiegender als eine Versteifung sein. Bei Haltungsschäden und/ oder degenerativen Veränderungen an Gliedmaßengelenken und an der Wirbelsäule (z. B. Arthrose, Osteochondrose) sind Gelenkschwellungen, muskuläre Verspannungen, Kontrakturen oder Atrophien zu berücksichtigen. Mit bildgebenden Verfahren festgestellte Veränderungen (z. B. degenerativer Art) allein rechtfertigen noch nicht die Annahme eines GdS.

Ebenso kann die Tatsache, dass eine Operation an einer Gliedmaße oder an der Wirbelsäule (z. B. Meniskusoperation, Bandscheibenoperation, Synovialektomie) durchgeführt wurde, für sich allein nicht die Annahme eines GdS begründen. Das Funktionsausmaß der Gelenke wird im Folgenden nach der Neutral-Null-Methode angegeben. Fremdkörper beeinträchtigen die Funktion nicht, wenn sie in Muskel oder Knochen reaktionslos eingeheilt sind und durch ihre Lage keinen ungünstigen Einfluss auf Gelenke, Nerven oder Gefäße ausüben.

Der GdS bei Weichteilverletzungen richtet sich nach der Funktionseinbuße und der Beeinträchtigung des Blut- und Lymphgefäßsystems. Bei Faszienverletzungen können Muskelbrüche auftreten, die nur in seltenen Fällen einen GdS bedingen. Bei den entzündlich-rheumatischen Krankheiten sind unter Beachtung der Krankheitsentwicklung neben der strukturellen und funktionellen Einbuße die eingeschränkte

Aktivität mit ihren Auswirkungen auf den Allgemeinzustand und die Beteiligung weiterer Organe zu berücksichtigen. Entsprechendes gilt für Kollagenosen und Vaskulitiden. Bei ausgeprägten osteoporischen Krankheiten (z. B. Osteoporose, Osteopenie bei hormonellen Störungen, gastrointestinalen Resorptionsstörungen, Nierenschäden) ist der GdS vor allem von der Funktionsbeeinträchtigung und den Schmerzen abhängig. Eine ausschließlich messtechnisch nachgewiesene Minderung des Knochenmineralgehalts rechtfertigt noch nicht die Annahme eines GdS.

Gesundheitsschaden des Herz- und Gefäßsystems

Für die Bemessung des GdS ist weniger die Art einer Herz- oder Kreislaufkrankheit maßgeblich als die je nach dem vorliegenden Stadium des Leidens unterschiedliche Leistungseinbuße. Bei der Beurteilung der GdS ist zunächst von dem klinischen Bild und von den Funktionseinschränkungen im Alltag auszugehen. Ergometerdaten und andere Parameter stellen Richtwerte dar, die das klinische Bild ergänzen. Elektrokardiographische Abweichungen allein gestatten in der Regel keinen Rückschluss auf die Leistungseinbuße.

Für den Gutachter ist es manchmal unverständlich, warum nicht die aus Erkrankungen des Herz- und Gefäßsystems (z. B. Schlaganfall) führenden Gesundheitsstörungen wie arterielle Verschlusserkrankungen, Herzminderleistungen, Venenthrombosen, Embolien etc. geltend gemacht werden. Speziell bei Schlaganfällen sind unter Umständen auch unmittelbare Angehörige hinsichtlich des Erkrankungsbilds oder Vorerkrankungen zu befragen.

Wichtig: Wichtig: Der gesetzlich krankenversicherte Antragsteller hat einen Anspruch darauf, alle seine Gesundheitsstörungen vertragsärztlich untersuchen zu lassen, um diese bei der Beantragung der Schwerbehinderteneigenschaft geltend zu machen.

Gesundheitsschaden im Bereich der Atmungsorgane

Bei chronischen Krankheiten der Bronchien und des Lungenparenchyms sowie bei Brustfellschwarten richtet sich der GdS vor allem nach der klinischen Symptomatik mit ihren Auswirkungen auf den Allgemeinzustand. Außerdem sind die Einschränkung der Lungenfunktion, die Folgeerscheinungen an anderen Organsystemen (z. B. Cor pulmonale) und bei allergisch bedingten Krankheiten die Vermeidbarkeit der Allergene zu berücksichtigen.

Gesundheitsschäden im Bereich der Verdauungsorgane

Bei organischen und funktionellen Krankheiten des Magen-Darm-Traktes ist der GdS nach dem Grad der Beeinträchtigung des Allgemeinzustandes, der Schwere der Organstörung und nach der Notwendigkeit besonderer Diätkost zu beurteilen. Bei allergisch bedingten Krankheiten ist auch die Vermeidbarkeit der Allergene von Bedeutung.

Krankheiten der Leber, Gallenwege und Bauchspeicheldrüse

Der GdS für Krankheiten der Leber, der Gallenwege und der Bauchspeicheldrüse wird bestimmt durch die Art und Schwere der Organveränderungen sowie der Funktionseinbußen, durch das Ausmaß der Beschwerden, die Beeinträchtigung des Allgemeinzustandes und die Notwendigkeit einer besonderen Kostform. Der serologische Nachweis einer durchgemachten Infektion (Seronarbe) rechtfertigt allein noch keinen GdS.

Chronische Hepatitis

Unter dem Begriff „chronische Hepatitis“ werden alle chronischen Verlaufsformen von Hepatitiden zusammengefasst (früher: „chronische Hepatitis ohne Progression“ und „chronische Hepatitis mit Progression“). Dazu gehören insbesondere die Virus-, die Autoimmun-, die Arzneimittel- und die kryptogene Hepatitis. Die gutachtliche Beurteilung einer chronischen Hepatitis beruht auf dem klinischen Befund einschließlich funktionsrelevanter Laborparameter, auf der Ätiologie sowie auf dem histopathologischen Nachweis des Grades der nekroinflammatorischen Aktivität (Grading) und des Stadiums der Fibrose (Staging). Zusätzlich sind engmaschige Verlaufskontrollen und die Beachtung der Differentialdiagnose erforderlich. Dies gilt auch für geltend gemachte Verschlimmerungen im Leidensverlauf.

Auch das Gallensteinleiden ist ein weiteres Beispiel für die Komplexität der Begutachtung. Um es adäquat bewerten zu können, muss der Gutachter über die Häufigkeit der Koliken, der Begleitentzündung und über Intervallbeschwerden Bescheid erhalten. Dies gilt ebenso für chronische Erkrankungen der Bauchspeicheldrüse. Die ungenaue Angabe einer „Verdauungsineffizienz" vermittelt dem Gutachter weder Art noch Ausmaß der konkret vorliegenden Behinderung.

Die Ausführungen zu den einzelnen Krankheitsbildern in diesem Abschnitt sollen plausibel machen, wie wichtig es für jeden Patienten ist, sich mit seinen behandelnden Ärzten über das Vorhaben, einen Antrag auf Schwerbehinderung stellen zu wollen, eingehend zu beraten.

Gesundheitsschäden im Bereich der Ausscheidungsorgane

Erkrankungen der Ausscheidungsorgane treten durch Störungen der Nierenfunktion und des Harntransports auf. Sie bewirken durch das Zurückhalten (Retention) harnpflichtiger Substanzen eine Störung des Mineralienstoffwechsels sowie eine Beeinflussung der Produktion verschiedener Hormone und beeinträchtigen die Funktion anderer Organe (z. B. zentrales Nervensystem, Herz-Kreislauf-Organe etc.). Als Begleitschäden sind z. B. nephrogene Hypertonie, Anämie (Blutarmut), Polyneuropathie und Osteopathie zu nennen.

Die Anhaltspunkte geben dem Gutachter für die Bewertung der vorliegenden funktionellen Schäden und Krankheitssymptome einen breiten Spielraum.

Die Einschränkung der Nierenfunktion in vielen ärztlichen Berichten meint meistens die Bezeichnung einer Funktionsstörung. Sie allein erlaubt dem Gutachter jedoch nicht eine adäquate Würdigung der vorliegenden Behinderung. Es ist sehr häufig in Anträgen zu sehen, dass selten eine „Kreatinin-Clearance" (Wert, der die Filterleitung der Niere angibt) als Maßstab für die Ausscheidungsfunktion der Nieren angegeben ist. Des Weiteren vermisst man oft Angaben zu Ödemen (Wasseransammlungen) oder zu bereits beschriebenen Folgeleiden.

Die Geltendmachung von „chronischem Harnwegsinfekt“ oder „Harninkontinenz“ wird gutachterlich differenziert bewertet, wenn detaillierte Informationen zu Art und Ausmaß der Erkrankung vorliegen.

Schmerzen

Schmerz ist ein unangenehmes Sinnes- und Gefühlserlebnis, das mit tatsächlicher oder möglicher Gewebeschädigung verbunden ist oder mit Begriffen einer solchen Schädigung beschrieben wird.

Schmerzen können

- plötzlich auftreten (akuter Schmerz)
- oder sich stetig entwickeln und dabei länger anhalten und wiederkehren (chronischer Schmerz).

Schmerzen haben eine wichtige Aufgabe: Akute Schmerzen sind ein Signal des Körpers, dass im Moment irgendetwas nicht stimmt, dass z. B. Verletzungen bestehen oder Erkrankungen (wie eine Blinddarmentzündung oder Zahnprobleme). Bei akuten Schmerzen ist die Ursache meist eindeutig erkennbar und der Betroffene selbst oder ein Arzt können gezielt etwas dagegen tun. Hierbei kann es sich um Schmerzen durch einen aktuellen Vorfall handeln, etwa eine Verletzung. Akute Schmerzen können aber auch ohne ersichtliche Ursache plötzlich und kurzzeitig auftreten, z. B. Kopfschmerzen.

In Gefahrensituationen lösen Schmerzen einen Schutzreflex aus. Fasst man beispielsweise mit der Hand auf eine heiße Herdplatte, aktiviert das nicht nur die Wärmerezeptoren der Haut, sondern auch die Schmerzrezeptoren. Diese signalisieren, die Hand von der heißen Herdplatte zu entfernen, um schwerere Verletzungen zu vermeiden.

Hält der Schmerz jedoch über einen längeren Zeitraum an, kann er seinen Warncharakter verlieren und sich zu einer eigenständigen Erkrankung entwickeln, dem chronischen Schmerz. Hierbei bildet der Körper über die Zeit ein Schmerzgedächtnis aus und trägt so dazu bei, dass Betroffene dauerhaft Schmerzen empfinden.

Mediziner bezeichnen Schmerzen dann als chronisch, wenn sie länger als drei bis sechs Monate bestehen. Etwa jeder fünfte Patient, der einen Hausarzt aufsucht, leidet unter chronischen Schmerzen. Rückenschmerzen und Gelenkschmerzen zählen dabei zu den häufigsten Schmerzen.

In den Grundsätzen findet auch das sogenannte chronische Schmerzsyndrom Berücksichtigung, wenn es als Dauerbehinderung sorgfältig begründet wird.

Psychische Begleitschäden

Die Grundsätze setzen sich mit der Frage der seelischen Begleiterscheinungen ebenso wie mit den bereits dargestellten Schmerzen auseinander.

Die herkömmliche psychische Belastung (z. B. vorübergehendes psychisches oder vegetatives Erschöpfungssyndrom, reaktive Depression) als Gesundheitsstörung wird in dem jeweiligen vorgegebenen GdB bereits berücksichtigt.

Bei erheblich schweren psychischen Begleiterscheinungen können diese bei den Bewertungen Berücksichtigung finden: „Außergewöhnliche seelische Begleiterscheinungen sind anzunehmen, wenn anhaltende psychische Störungen in einer solchen Ausprägung vorliegen, dass eine spezielle ärztliche Behandlung dieser Störungen (z. B. durch Psychotherapie) erforderlich ist.“ (Versorgungsmedizinische Grundsätze, Anlage zu § 2 der Versorgungsmedizin-Verordnung).

Heilungsbewährung

Durch den medizinischen Fortschritt können immer mehr Krankheitsbilder erfolgreich behoben werden. Insbesondere bei der Therapie von bösartigen Tumoren, in der Transplantationsmedizin oder auch bei der Behandlung von bestimmten Psychosen ist dies jedoch nicht immer der Fall. In diesen Fällen ist der Behandlungserfolg ungewiss. Viele Tumore neigen trotz Operation, Bestrahlung und Chemotherapie zur Rezidivbildung (wiederkehrendes Auftreten) oder zu Metastasen.

Der Zeitraum des Abwartens einer sog. Heilungsbewährung – dies bedeutet kein erneutes Auftreten des Tumors oder die Bildung von Metastasen – beträgt ab dem Zeitpunkt des ersten therapeutischen Eingriffs im Regelfall fünf Jahre.

Bei manchen Tumorerkrankungen werden nur zwei bis drei Jahre Heilungsbewährung angesetzt, wenn nach den klinischen Erfahrungen mit Sicherheit von einer kürzeren Gefährdungszeit ausgegangen werden kann.

Während der Heilungsbewährung ist die GdB-Bewertung wesentlich höher als zu einem späteren Zeitpunkt. Dabei werden die primären Krankheitsfolgen (regelhafte Organschädigungen), Begleiterscheinungen (Schmerzen, Depressionen etc.) und Nebenwirkungen während des Behandlungszeitraums (Röntgenstrahlen, Chemotherapie) berücksichtigt. Ggf. kann im Einzelfall eine außergewöhnliche Belastung
 zusätzlich berücksichtigt werden.

Nach Ablauf der Heilungsbewährung erfolgt eine nochmalige Heilungsbewährung in Bezug auf die verbliebenen Funktionseinschränkungen und Behinderungen (z. B. dauerhafter Verlust von Organen etc.).

> ***Praxis-Tipp:***
>
> *Wenn bei einer Tumornachsorgeuntersuchung nach Ablauf der Heilungsbewährung doch wieder ein erneutes Auftreten des Tumors festgestellt wird, sollten Sie unverzüglich einen Antrag auf Neubewertung der Schwerbehinderteneigenschaft stellen.*

Der Gesamt-GdB

Liegen mehrere Funktionsbeeinträchtigungen vor, so sind zwar Einzel-GdB anzugeben; bei der Ermittlung des Gesamt-GdB durch alle Funktionsbeeinträchtigungen dürfen jedoch die einzelnen Werte nicht addiert werden. Maßgebend sind die Auswirkungen der einzelnen Funktionsbeeinträchtigungen in ihrer Gesamtheit unter Berücksichtigung ihrer wechselseitigen Beziehungen zueinander.

Bei der Gesamtwürdigung der verschiedenen Funktionsbeeinträchtigungen sind unter Berücksichtigung aller sozialmedizinischen Erfahrungen Vergleiche mit Gesundheitsschäden anzustellen, zu denen feste GdB-Werte angegeben sind.

Bei der Beurteilung des Gesamt-GdB ist in der Regel von der Funktionsbeeinträchtigung auszugehen, die den höchsten Einzel-GdB bedingt, und dann im Hinblick auf alle weiteren Funktionsbeeinträchtigungen zu prüfen, ob und inwieweit hierdurch das Ausmaß der Behinderung größer wird, ob also wegen der weiteren Funktionsbeeinträchtigungen dem ersten GdB 10 oder 20 oder mehr Punkte hinzuzufügen sind, um der Behinderung insgesamt gerecht zu werden.

Um die Auswirkungen der Funktionsbeeinträchtigungen in ihrer Gesamtheit unter Berücksichtigung ihrer wechselseitigen Beziehungen zueinander beurteilen zu können, muss aus der Gesamtschau heraus beachtet werden, dass die Beziehungen der Funktionsbeeinträchtigungen zueinander unterschiedlich sein können:

- Die Auswirkungen der einzelnen Funktionsbeeinträchtigungen können voneinander unabhängig sein und damit ganz verschiedene Bereiche im Ablauf des täglichen Lebens betreffen.
- Eine Funktionsbeeinträchtigung kann sich auf eine andere besonders nachteilig auswirken. Dies ist vor allem der Fall, wenn Funktionsbeeinträchtigungen an paarigen Gliedmaßen oder Organen – also z. B. an beiden Armen oder beiden Beinen oder beiden Nieren oder beiden Augen – vorliegen.
- Die Auswirkungen von Funktionsbeeinträchtigungen können sich überschneiden.
- Die Auswirkungen einer Funktionsbeeinträchtigung werden durch eine hinzutretende Gesundheitsstörung nicht verstärkt.
- Von Ausnahmefällen (z. B. hochgradige Schwerhörigkeit eines Ohrs bei schwerer beidseitiger Einschränkung der Sehfähigkeit) abgesehen, führen zusätzliche leichte Gesundheitsstörungen, die nur einen GdB von 10 bedingen, nicht zu einer Zunahme des Ausmaßes der Gesamtbeeinträchtigung, auch nicht, wenn mehrere derartige leichte Gesundheitsstörungen nebeneinander bestehen. Auch bei leichten Funktionsbeeinträchtigungen mit einem GdB von 20 ist es vielfach nicht gerechtfertigt, auf eine wesentliche Zunahme des Ausmaßes der Behinderung zu schließen.

Vergabe von Merkzeichen

Sind nach § 152 Abs. 4 SGB IX neben dem Vorliegen der Behinderung weitere gesundheitliche Merkmale Voraussetzung für die Inanspruchnahme von Nachteilsausgleichen, so treffen die zuständigen Behörden (hier: Versorgungsamt) die entsprechende Entscheidung.

Nachteilsausgleiche sind Hilfen für behinderte Menschen zum Ausgleich behinderungsbedingter Nachteile oder Mehraufwendungen, die unabhängig von der Ursache der Behinderung Art und Schwere der Behinderung Rechnung tragen (§ 209 SGB IX).

5 Nachteilsausgleiche für behinderte Menschen kommen in unterschiedlichen Lebensbereichen in Betracht, um die Teilhabe am Leben in der Gesellschaft zu ermöglichen. Die Nachteilsausgleiche knüpfen – neben gesundheitlichen Voraussetzungen, deren Vorliegen die Versorgungsbehörden durch die Merkzeichen im Schwerbehindertenausweis vermerken – an bestimmte weitere, nicht primär sozialrechtliche Voraussetzungen an. Ganz überwiegend muss der Schwerbehindertenstatus (GdB ab 50 und höher je nach Merkzeichen) erfüllt sein. Nachteilsausgleiche werden aufgrund eines Regelungssystems bestehend aus Bundes- und Landesgesetzen, kommunalen Satzungen und auch von privaten Unternehmen (z. B. Deutsche Bahn AG) gewährt. Die Vielzahl der Nachteilsausgleiche in Deutschland ist kaum überschaubar.

Merkzeichen (MZ)

- G – Nachteilsausgleich im Nahverkehr (wegen Gehbehinderung)
- Gl – Nachteilsausgleich im Nahverkehr (wegen Gehörlosigkeit)
- aG – Parkerleichterung wegen außergewöhnlicher Gehbehinderung
- B – Freifahrt für eine Begleitperson wegen der Notwendigkeit ständiger Begleitung

Außerdem gibt es folgende Nachteilsausgleiche:

- H – Nachteilsausgleich wegen Hilflosigkeit
- Rf – Befreiung von Rundfunkgebühr und Sozialtarif für Telefonanschlüsse
- Bl – Nachteilsausgleich wegen Blindheit
- Tbl – Nachteilsausgleich wegen Taubblindheit

Übersichten und Informationen zu Nachteilsausgleichen finden sich für alle Lebensbereiche im Internet auf den Seiten der Sozialministerien bzw. der Behindertenbeauftragten auf Bundes- und Landesebene. Es findet sich hier allerdings kein Hinweis darauf, inwieweit diese Voraussetzungen antragsabhängig zu prüfen sind. § 152 Abs. 4 SGB IX schließt eine entsprechende Feststellung ohne Antrag, mithin von Amts wegen, nicht aus. Hat das Versorgungsamt eine solche Feststellung unterlassen, obliegt es dem behinderten Menschen, selbst ein entsprechendes Feststellungsverfahren zu betreiben.

Einschränkungen ergeben sich auch daraus, dass der Anspruch auf Feststellung gesundheitlicher Merkmale ein höchstpersönliches Recht darstellt, das mit dem Tod des behinderten Menschen erlischt und nicht auf Rechtsnachfolger übergehen kann.

Nachfolgend wird ein Überblick über die gesundheitlichen Merkmale gegeben, die im Schwerbehindertenausweis als Merkzeichen einzutragen sind.

Merkzeichen G – Gehbehinderung

Der erheblichen Beeinträchtigung der Bewegungsfähigkeit im Straßenverkehr wird durch das Merkzeichen „G“ Rechnung getragen. Obwohl es bei diesem Merkzeichen um Funktionseinschränkungen des Gehvermögens (G) geht, muss die Ursache der Behinderung nicht in orthopädischen Diagnosen liegen, worauf schon der Wortlaut von § 229 Abs. 1 SGB IX hindeutet, der auch auf innere Leiden, Anfälle oder Störungen der Orientierungsfähigkeit abstellt.

Nach dem Neunten Buch Sozialgesetzbuch (SGB IX) ist zu beurteilen, ob ein behinderter Mensch infolge seiner Behinderung in seiner Bewegungsfähigkeit im Straßenverkehr erheblich beeinträchtigt ist. Hilflose und Gehörlose haben stets einen Anspruch auf unentgeltliche Beförderung im öffentlichen Personenverkehr.

In seiner Bewegungsfähigkeit im Straßenverkehr erheblich beeinträchtigt ist, wer infolge einer Einschränkung des Gehvermögens, auch durch innere Leiden, oder infolge von Anfällen oder von Störungen der Orientierungsfähigkeit nicht ohne erhebliche Schwierigkeiten oder nicht ohne Gefahren für sich oder andere Wegstrecken im Ortsverkehr zurückzulegen vermag, die üblicherweise noch zu Fuß zurückgelegt werden.

Bei der Prüfung der Frage, ob diese Voraussetzungen vorliegen, kommt es nicht auf die konkreten örtlichen Verhältnisse des Einzelfalles an, sondern darauf, welche Wegstrecken allgemein – d. h. altersunabhängig von nicht behinderten Menschen – noch zu Fuß zurückgelegt werden. Als ortsübliche Wegstrecke in diesem Sinne gilt eine Strecke von etwa zwei Kilometern, die in etwa einer halben Stunde zurückgelegt wird.

Auch bei Säuglingen und Kleinkindern ist die gutachtliche Beur-
5 teilung einer erheblichen Beeinträchtigung der Bewegungsfähigkeit im Straßenverkehr erforderlich. Für die Beurteilung sind dieselben Kriterien wie bei Erwachsenen mit gleichen Gesundheitsstörungen maßgebend. Es ist nicht zu prüfen, ob tatsächlich diesbezügliche behinderungsbedingte Nachteile vorliegen oder behinderungsbedingte Mehraufwendungen entstehen.

Die Voraussetzungen für die Annahme einer erheblichen Beeinträchtigung der Bewegungsfähigkeit im Straßenverkehr infolge einer behinderungsbedingten Einschränkung des Gehvermögens sind als erfüllt anzusehen, wenn auf die Gehfähigkeit sich auswirkende Funktionsstörungen der unteren Gliedmaßen und/oder der Lendenwirbelsäule bestehen, die für sich einen GdB von wenigstens 50 bedingen. Darüber hinaus können die Voraussetzungen bei Behinderungen an den unteren Gliedmaßen mit einem GdB unter 50 gegeben sein, wenn diese Behinderungen sich auf die Gehfähigkeit besonders auswirken, z. B. bei Versteifung des Hüftgelenks, Versteifung des Knie- oder Fußgelenks in ungünstiger Stellung oder bei arteriellen Verschlusskrankheiten mit einem GdB von 40. Auch bei inneren Erkrankungen kommt es bei der Beurteilung entscheidend auf die Einschränkung des Gehvermögens an. Dementsprechend ist eine erhebliche Beeinträchtigung der Bewegungsfähigkeit vor allem bei Herzschäden mit Beeinträchtigung der Herzleistung wenigstens nach Gruppe 3 und bei Atembehinderungen mit dauernder Einschränkung der Lungenfunktion wenigstens mittleren Grades anzunehmen. Auch bei anderen inneren Leiden mit einer schweren Beeinträchtigung der körperlichen Leistungsfähigkeit, z. B.

chronische Niereninsuffizienz mit ausgeprägter Anämie, sind die Voraussetzungen als erfüllt anzusehen.

Störungen der Orientierungsfähigkeit, die zu einer erheblichen Beeinträchtigung der Bewegungsfähigkeit führen, sind bei allen Sehbehinderungen mit einem GdB von wenigstens 70 und bei Sehbehinderungen, die einen GdB von 50 oder 60 bedingen, nur in Kombination mit erheblichen Störungen der Ausgleichsfunktion (z. B. hochgradige Schwerhörigkeit beiderseits, geistige Behinderung) anzunehmen. Bei Hörbehinderungen ist die Annahme solcher Störungen nur bei Taubheit oder an Taubheit grenzender Schwerhörigkeit im Kindesalter (in der Regel bis zum 16. Lebensjahr) oder im Erwachsenenalter bei diesen Hörstörungen in Kombination mit erheblichen Störungen der Ausgleichsfunktion (z. B. Sehbehinderung, geistige Behinderung) gerechtfertigt. Bei geistig behinderten Menschen sind entsprechende Störungen der Orientierungsfähigkeit vorauszusetzen, wenn die behinderten Menschen sich im Straßenverkehr auf Wegen, die sie nicht täglich benutzen, nur schwer zurechtfinden können. Unter diesen Umständen ist eine erhebliche Beeinträchtigung der Bewegungsfähigkeit bei geistigen Behinderungen mit einem GdB von 100 immer und mit einem GdB von 80 oder 90 in den meisten Fällen zu bejahen. Bei einem GdB unter 80 kommt eine solche Beeinträchtigung der Bewegungsfähigkeit nur in besonders gelagerten Einzelfällen in Betracht.

Rechte aufgrund von Merkzeichen „G“

Das Merkzeichen „G“ berechtigt wahlweise zur unentgeltlichen Beförderung im öffentlichen Personennahverkehr oder zur Ermäßigung der Kraftfahrzeugsteuer von 50 Prozent.

Außerdem besteht gegen das Finanzamt ein Anspruch auf Anerkennung von erhöhten Aufwendungen für die Fahrt mit dem Pkw zur Arbeitsstelle, und zwar pro Kilometer von 0,30 Euro. Begünstigt sind hier auch behinderte Menschen mit einem GdB von 70 ohne dieses Merkzeichen. Die Aufwendungen für Privatfahrten sind bis zu 3.000 km (à 0,30 Euro bis zu 900 Euro) gegenüber dem Finanzamt geltend zu machen.

Im Übrigen wird ein höherer Grundbetrag der bedarfsorientierten Grundsicherung nach dem SGB XII berücksichtigt. Begünstigt sind hier schwerbehinderte Menschen, das heißt Menschen mit einem GdB ab 50, die in ihrem Schwerbehindertenausweis das Merkzeichen „G" haben. Zuständige Stellen sind das Sozialamt bzw. die Gemeinde oder der Kreis. Als erforderliche Unterlage reicht der Schwerbehindertenausweis.

Merkzeichen B – notwendige ständige Begleitung

5 Die näheren Vorgaben zur Notwendigkeit einer ständigen Begleitperson eines schwerbehinderten Menschen ergeben sich aus § 229 Abs. 2 SGB IX. Sie werden durch das Merkzeichen B bescheinigt. Ständige Begleitung ist notwendig, wenn schwerbehinderte Menschen bei Benutzung von öffentlichen Verkehrsmitteln infolge ihrer Behinderung zur Vermeidung von Gefahren für sich oder andere regelmäßig auf fremde Hilfe angewiesen sind. Unter Berücksichtigung der Auslegung des Begriffs der Behinderung im Urteil des BSG vom 11.8.2015 (B 9 SB 1/14 R = SozR 4-3250 § 69 Nr. 21, SGb 2016, 653) dürfte das Merkzeichen B auch bei der Notwendigkeit einer Begleitperson zu vergeben sein, wenn der psychisch behinderte Menschen ansonsten nicht in der Lage wäre, öffentliche Verkehrsmittel zu nutzen.

Eine solche Annahme ist gerechtfertigt, wenn sich bei gehörlosen Menschen in aller Regel die Störung der Kommunikationsfähigkeit auf ihre Orientierungs- und damit auf ihre Bewegungsfähigkeit im Straßenverkehr auswirkt. Ein vor Spracherwerb Ertaubter, der die Gehörlosenschule abgeschlossen und das 16. Lebensjahr vollendet hat, hat im Regelfall keinen Anspruch auf die Merkzeichen „G" und „B", und zwar auch nicht für die Dauer einer späteren Ausbildung. Der Anspruch auf Feststellung des Merkzeichens B ist von dem Anspruch auf Feststellung des Merkzeichens G abhängig.

Für die unentgeltliche Beförderung einer Begleitperson ist nach dem SGB IX die Berechtigung für eine ständige Begleitung zu beurteilen. Auch bei Säuglingen und Kleinkindern ist die gutachtliche Beurteilung der Berechtigung für eine ständige Begleitung erforderlich. Für die Beurteilung sind dieselben Kriterien wie bei Erwachsenen mit gleichen

Gesundheitsstörungen maßgebend. Es ist nicht zu prüfen, ob tatsächlich diesbezügliche behinderungsbedingte Nachteile vorliegen oder behinderungsbedingte Mehraufwendungen entstehen.

Eine Berechtigung für eine ständige Begleitung ist bei schwerbehinderten Menschen (bei denen die Voraussetzungen für die Merkzeichen „G", „Gl" oder „H" vorliegen) gegeben, die bei der Benutzung von öffentlichen Verkehrsmitteln infolge ihrer Behinderung regelmäßig auf fremde Hilfe angewiesen sind. Dementsprechend ist zu beachten, ob sie bei der Benutzung öffentlicher Verkehrsmittel regelmäßig auf fremde Hilfe beim Ein- und Aussteigen oder während der Fahrt des Verkehrsmittels angewiesen sind oder ob Hilfen zum Ausgleich von Orientierungsstörungen (z. B. bei Sehbehinderung, geistiger Behinderung) erforderlich sind.

Die Berechtigung für eine ständige Begleitung ist anzunehmen bei Querschnittgelähmten, Ohnhändern, Blinden und Sehbehinderten, Hörbehinderten, geistig behinderten Menschen und Anfallskranken, bei denen die Annahme einer erheblichen Beeinträchtigung der Bewegungsfähigkeit im Straßenverkehr gerechtfertigt ist.

Rechte aufgrund von Merkzeichen „B"

Das Merkzeichen „B" berechtigt schwerbehinderte Menschen, im öffentlichen Personennahverkehr ohne Kilometerbegrenzung eine Begleitperson kostenlos mitzunehmen.

Wichtig: Merkzeichen „B" berechtigt zur Mitnahme einer Begleitperson; der Schwerbehinderte ist aber nicht verpflichtet, eine Begleitperson mitzunehmen.

Merkzeichen aG – außergewöhnliche Gehbehinderung

Die außergewöhnliche Gehbehinderung hat das Merkzeichen aG und ist jetzt in § 229 Abs. 3 SGB IX gesetzlich geregelt. Das Merkzeichen aG soll lediglich eine stark eingeschränkte Gehfähigkeit durch Verkürzung der Wege mithilfe gewährter Parkerleichterungen ausgleichen. Die städtebaulich nur begrenzten Möglichkeiten, Raum für Parkerleichterungen zu schaffen, erfordern, dass der Kreis der Begünstigten ebenso begrenzt gehalten wird.

Auch nichtorthopädische Erkrankungen können solche Auswirkungen im Alltag zeigen, die zum Merkzeichen „aG“ berechtigen. Daher können z. B. auch Personen, die an der Parkinson-Krankheit oder an anderen neurologischen Erkrankungen leiden, Anspruch auf das Merkzeichen „aG“ haben, wenn sie sich wegen der Schwere ihrer Erkrankung dauernd nur mit fremder Hilfe oder nur mit großer Anstrengung außerhalb ihres Kraftfahrzeugs bewegen können. Die Gehfähigkeit muss so stark eingeschränkt sein, dass es dem Betroffenen unzumutbar ist, längere

Wege zu Fuß zurückzulegen. Dafür müssen sich Personen wegen der Schwere ihrer Erkrankung dauernd nur mit fremder Hilfe oder nur mit großer Anstrengung außerhalb ihres Kraftfahrzeugs bewegen können.

Die für „aG“ geforderte große körperliche Anstrengung nimmt das BSG aber erst dann an, wenn selbst bei einer Wegstreckenlimitierung von 30 Metern diese darauf beruht, dass der Betroffene bereits nach dieser kurzen Strecke – praktisch von den ersten Schritten außerhalb seines Kraftfahrzeugs an – erschöpft ist und er neue Kräfte sammeln muss, bevor er weitergehen kann.

> ***Praxis-Tipp:***
>
> *Seit einigen Jahren bietet die Deutsche Bahn einen Service für Menschen mit Behinderung an. Freifahrtberechtigte schwerbehinderte Menschen benötigen im Nahverkehr der Deutschen Bahn keine Tickets mehr – unabhängig davon, wie weit sie fahren.*

Rechte aufgrund von Merkzeichen „aG“

Schwerbehinderte Personen, die außergewöhnlich gehbehindert (Merkzeichen aG) sind, werden auf Antrag vom Hauptzollamt von der Kraftfahrzeugsteuer für ein auf sie zugelassenes Kraftfahrzeug befreit. Zusätzlich können sie die Freifahrt im öffentlichen Personenverkehr in Anspruch nehmen.

Merkzeichen H – Hilflosigkeit

Die Hilflosigkeit ist in § 33b Abs. 3 Satz 4 EStG definiert, in § 228 Abs. 1 SGB IX erwähnt, durch das Merkzeichen „H“ ausgewiesen und berechtigt zur Freifahrt im öffentlichen Personennahverkehr.

Danach ist eine Person i. S. d. SGB IX hilflos, wenn sie für eine Reihe von häufig und regelmäßig wiederkehrenden Verrichtungen zur Sicherung ihrer persönlichen Existenz im Ablauf eines jeden Tages dauernd fremder Hilfe bedarf. Dafür genügt es, wenn die Hilfe in Form der Überwachung oder Anleitung zu diesen Verrichtungen erforderlich ist, auch wenn die Hilfe zwar nicht dauernd geleistet werden muss, jedoch eine ständige Bereitschaft zur Hilfeleistung erforderlich ist (§ 33b Abs. 3 Satz 4 EStG). Dieses Verständnis des Begriffs der Hilflosigkeit geht auf Umschreibungen zurück, wie sie für die Pflegezulage nach dem bis zum 31.12.2023 gültigen § 35 BVG (jetzt § 98 SGB XIV) entwickelt worden sind. Eine Anlehnung an die Pflegebedürftigkeit nach §§ 14, 15 SGB XI ist nicht erfolgt (vgl. BSG SozR 4-3250 § 69 Nr. 1 zu den im Einzelnen zu berücksichtigenden Verrichtungen; vgl. auch BSG, Urteil vom 10.12.2003 – B 9 SB 4/02 R, SGb 2004, 232).

Häufig und regelmäßig wiederkehrende Verrichtungen zur Sicherung der persönlichen Existenz im Ablauf eines jeden Tages sind insbesondere An- und Auskleiden, Nahrungsaufnahme, Körperpflege und Verrichten der Notdurft. Außerdem sind notwendige körperliche Bewegung, geistige Anregung und Möglichkeiten zur Kommunikation zu berücksichtigen. Hilflosigkeit liegt im oben genannten Sinne auch dann vor, wenn ein psychisch oder geistig behinderter Mensch zwar bei zahlreichen Verrichtungen des täglichen Lebens der Hilfe nicht unmittelbar bedarf, er diese Verrichtungen aber infolge einer Antriebsschwäche ohne ständige Überwachung nicht vornähme. Die ständige Bereitschaft ist dann gegeben, wenn z. B. der Umfang der notwendigen Hilfe bei den häufig und regelmäßig wiederkehrenden Verrichtungen erheblich ist.

Dies ist der Fall, wenn die Hilfe dauernd für zahlreiche Verrichtungen, die häufig und regelmäßig wiederkehren, benötigt wird. Einzelne Verrichtungen, selbst wenn sie lebensnotwendig sind und im täglichen

Lebensablauf wiederholt vorgenommen werden, genügen nicht (z. B. Hilfe beim Anziehen einzelner Bekleidungsstücke, notwendige Begleitung bei Reisen und Spaziergängen, Hilfe im Straßenverkehr, einfache Wund- oder Heilbehandlung, Hilfe bei Heimdialyse ohne Notwendigkeit weiterer Hilfeleistung). Verrichtungen, die mit der Pflege der Person nicht unmittelbar zusammenhängen (z. B. im Bereich der hauswirtschaftlichen Versorgung), müssen außer Betracht bleiben. Dies ist anzunehmen, wenn Hilfe häufig und plötzlich wegen akuter Lebensgefahr notwendig ist.

Bei einer Reihe schwerer Behinderungen, die aufgrund ihrer Art und besonderen Auswirkungen regelhaft Hilfeleistungen in erheblichem Umfang erfordern, kann im Allgemeinen ohne nähere Prüfung angenommen werden, dass die Voraussetzungen für das Vorliegen von Hilflosigkeit erfüllt sind. Dies gilt stets bei

- Blindheit und hochgradiger Sehbehinderung
- Querschnittslähmung und anderen Behinderungen, die auf Dauer und ständig – auch innerhalb des Wohnraums – die Benutzung eines Rollstuhls erfordern
- Hirnschäden, Anfallsleiden, geistiger Behinderung und Psychosen, wenn diese Behinderungen allein einen GdS von 100 bedingen
- Verlust von zwei oder mehr Gliedmaßen, ausgenommen Unterschenkel- oder Fußamputation beiderseits (als Verlust einer Gliedmaße gilt der Verlust mindestens der ganzen Hand oder des ganzen Fußes)

Führt eine Behinderung zu dauerndem Krankenlager, so sind stets auch die Voraussetzungen für die Annahme von Hilflosigkeit erfüllt. Dauerndes Krankenlager setzt nicht voraus, dass der behinderte Mensch das Bett überhaupt nicht verlassen kann.

Besonderheiten der Beurteilung der Hilflosigkeit bei Kindern und Jugendlichen

Bei der Beurteilung der Hilflosigkeit bei Kindern und Jugendlichen sind nicht nur die bei der Hilflosigkeit genannten „Verrichtungen" zu beachten.

Auch die Anleitung zu diesen „Verrichtungen“, die Förderung der körperlichen und geistigen Entwicklung (z. B. durch Anleitung im Gebrauch der Gliedmaßen oder durch Hilfen zum Erfassen der Umwelt und zum Erlernen der Sprache) sowie die notwendige Überwachung gehören zu den Hilfeleistungen, die für die Frage der Hilflosigkeit von Bedeutung sind.

Stets ist nur der Teil der Hilfsbedürftigkeit zu berücksichtigen, der wegen der Behinderung den Umfang der Hilfsbedürftigkeit eines gesunden gleichaltrigen Kindes überschreitet. Der Umfang der wegen der Behinderungen notwendigen zusätzlichen Hilfeleistungen muss erheblich sein. Bereits im ersten Lebensjahr können infolge der Behinderung Hilfeleistungen in solchem Umfang erforderlich sein, dass dadurch die Voraussetzungen für die Annahme von Hilflosigkeit erfüllt sind.

Die Besonderheiten des Kindesalters führen dazu, dass zwischen dem Ausmaß der Behinderung und dem Umfang der wegen der Behinderung erforderlichen Hilfeleistungen nicht immer eine Korrelation besteht, sodass – anders als bei Erwachsenen – auch schon bei niedrigerem GdS Hilflosigkeit vorliegen kann.

Bei angeborenen oder im Kindesalter aufgetretenen Behinderungen ist im Einzelnen Folgendes zu beachten:

- Bei geistiger Behinderung kommt häufig auch bei einem GdS unter 100 – und dann in der Regel bis zur Vollendung des 18. Lebensjahres – Hilflosigkeit in Betracht, insbesondere wenn das Kind wegen gestörten Verhaltens ständiger Überwachung bedarf. Hilflosigkeit kann auch schon im Säuglingsalter angenommen werden, z. B. durch Nachweis eines schweren Hirnschadens.
- Bei tief greifenden Entwicklungsstörungen, die für sich allein einen GdS von mindestens 50 bedingen, und bei gleich schweren, im Kindesalter beginnenden Verhaltens- und emotionalen Störungen mit lang andauernden erheblichen Einordnungsschwierigkeiten ist regelhaft Hilflosigkeit bis zum 18. Lebensjahr anzunehmen.
- Bei hirnorganischen Anfallsleiden ist häufiger als bei Erwachsenen auch bei einem GdS unter 100 unter Berücksichtigung der Anfallsart, Anfallsfrequenz und eventueller Verhaltensauffälligkeiten die Annahme von Hilflosigkeit gerechtfertigt.

- Bei sehbehinderten Kindern und Jugendlichen mit Einschränkungen des Sehvermögens, die für sich allein einen GdS von wenigstens 80 bedingen, ist bis zur Vollendung des 18. Lebensjahres Hilflosigkeit anzunehmen.
- Bei Taubheit und an Taubheit grenzender Schwerhörigkeit ist Hilflosigkeit ab Beginn der Frühförderung und dann – insbesondere wegen des in dieser Zeit erhöhten Kommunikationsbedarfs – in der Regel bis zur Beendigung der Ausbildung anzunehmen. Zur Ausbildung zählen in diesem Zusammenhang: der Schul-, Fachschul- und Hochschulbesuch, eine berufliche Erstausbildung und Weiterbildung sowie vergleichbare Maßnahmen der beruflichen Bildung.

- Bei Lippen-Kiefer-Gaumenspalte und kompletter Gaumensegelspalte ist bis zum Abschluss der Erstbehandlung (in der Regel ein Jahr nach der Operation) Hilflosigkeit anzunehmen. Die Kinder benötigen während dieser Zeit in hohem Maße Hilfeleistungen, die weit über diejenigen eines gesunden gleichaltrigen Kindes hinausgehen, vor allem bei der Nahrungsaufnahme (gestörte Atmung, Gefahr des Verschluckens), bei der Reinigung der Mundhöhle und des Nasenrachenraumes, beim Spracherwerb sowie bei der Überwachung beim Spielen.
- Beim Bronchialasthma schweren Grades ist Hilflosigkeit in der Regel bis zur Vollendung des 16. Lebensjahres anzunehmen.
- Bei angeborenen oder in der Kindheit erworbenen Herzschäden ist bei einer schweren Leistungsbeeinträchtigung entsprechend den in Teil B Nummer 9.1.1 der Versorgungsmedizinischen Grundsätze angegebenen Gruppen 3 und 4 Hilflosigkeit anzunehmen, und zwar bis zu einer Besserung der Leistungsfähigkeit (z. B. durch Operation), längstens bis zur Vollendung des 16. Lebensjahres.
- Bei Behandlung mit künstlicher Niere ist Hilflosigkeit bis zur Vollendung des 16. Lebensjahres anzunehmen. Bei einer Niereninsuffizienz, die für sich allein einen GdS von 100 bedingt, sind Hilfeleistungen in ähnlichem Umfang erforderlich, sodass auch hier bis zur Vollendung des 16. Lebensjahres die Annahme von Hilflosigkeit begründet ist.

- Beim Diabetes mellitus ist Hilflosigkeit bis zur Vollendung des 16. Lebensjahres anzunehmen.
- Bei Phenylketonurie ist Hilflosigkeit ab Diagnosestellung – in der Regel bis zum 14. Lebensjahr – anzunehmen. Über das 14. Lebensjahr hinaus kommt Hilflosigkeit in der Regel nur noch dann in Betracht, wenn gleichzeitig eine relevante Beeinträchtigung der geistigen Entwicklung vorliegt.
- Bei der Mukoviszidose ist bei der Notwendigkeit umfangreicher Betreuungsmaßnahmen – im Allgemeinen bis zur Vollendung des 16. Lebensjahres – Hilflosigkeit anzunehmen. Das ist immer der Fall bei Mukoviszidose, die für sich allein einen GdS von wenigstens 50 bedingt (siehe Teil B Nummer 15.5 der Versorgungsmedizinischen Grundsätze). Nach Vollendung des 16. Lebensjahres kommt Hilflosigkeit bei schweren und schwersten Einschränkungen bis zur Vollendung des 18. Lebensjahres in Betracht.
- Bei malignen Erkrankungen (z. B. akuter Leukämie) ist Hilflosigkeit für die Dauer der zytostatischen Intensivtherapie anzunehmen.
- Bei angeborenen, erworbenen oder therapieinduzierten schweren Immundefekten ist Hilflosigkeit für die Dauer des Immunmangels, der eine ständige Überwachung wegen der Infektionsgefahr erforderlich macht, anzunehmen.
- Bei der Hämophilie ist bei Notwendigkeit der Substitutionsbehandlung – und damit schon bei einer Restaktivität von antihämophilem Globulin von fünf Prozent und darunter – stets bis zur Vollendung des sechsten Lebensjahres, darüber hinaus häufig je nach Blutungsneigung (zwei oder mehr ausgeprägte Gelenkblutungen pro Jahr) und Reifegrad auch noch weitere Jahre, Hilflosigkeit anzunehmen.
- Bei der juvenilen chronischen Polyarthritis ist Hilflosigkeit anzunehmen, solange die Gelenksituation eine ständige Überwachung oder andauernd Hilfestellungen beim Gebrauch der betroffenen Gliedmaßen sowie Anleitungen zu Bewegungsübungen erfordert, in der Regel bis zur Vollendung des 16. Lebensjahres. Bei der systemischen Verlaufsform (Still-Syndrom) und anderen systemischen Bindegewebskrankheiten (z. B. Lupus erythematodes, Sharp-Syn-

drom, Dermatomyositis) ist für die Dauer des aktiven Stadiums Hilflosigkeit anzunehmen.

- Bei der Osteogenesis imperfecta ist die Hilflosigkeit nicht nur von den Funktionseinschränkungen der Gliedmaßen, sondern auch von der Häufigkeit der Knochenbrüche abhängig. In der Regel bedingen zwei oder mehr Knochenbrüche pro Jahr Hilflosigkeit. Hilflosigkeit aufgrund einer solchen Bruchneigung ist so lange anzunehmen, bis ein Zeitraum von zwei Jahren ohne Auftreten von Knochenbrüchen abgelaufen ist, längstens jedoch bis zur Vollendung des 16. Lebensjahres.

- Bei klinisch gesicherter Typ-I-Allergie gegen schwer vermeidbare Allergene (z. B. bestimmte Nahrungsmittel), bei der aus dem bisherigen Verlauf auf die Gefahr lebensbedrohlicher anaphylaktischer Schocks zu schließen ist, ist Hilflosigkeit – in der Regel bis zum Ende des zwölften Lebensjahres – anzunehmen.
- Bei der Zöliakie kommt Hilflosigkeit nur ausnahmsweise in Betracht. Der Umfang der notwendigen Hilfeleistungen bei der Zöliakie ist regelmäßig wesentlich geringer als etwa bei Kindern mit Phenylketonurie oder mit Diabetes mellitus.

Rechte aufgrund von Hilflosigkeit

Das Merkzeichen „H" berechtigt zu:

- Befreiung von der Kraftfahrzeugsteuer
- Ermäßigung der Einkommens- und Lohnsteuer
- unentgeltliche Beförderung im öffentlichen Personennahverkehr
- höhere Einkommensfreibeträge für Wohngeld und gestaffelte höhere Freibeträge für Wohnungsbauförderung

Merkzeichen Gl – Der Ausweisinhaber ist gehörlos

Die Gehörlosigkeit gemäß § 228 Abs. 1 Satz 1 SGB IX wird durch das Merkzeichen „Gl" ausgewiesen und berechtigt zur unentgeltlichen Beförderung im Personennahverkehr. Damit wird gehörlosen Menschen ein eigenes Merkzeichen eingeräumt, was insbesondere dann von Bedeutung ist, wenn die Voraussetzungen für das Merkzeichen „G" nicht erfüllt sind. Weitergehende steuerrechtliche Vorteile sind damit nicht verbunden.

Gehörlose Menschen sind damit in gleicher Weise wie hilflose Menschen und solche Personen, deren Bewegungsfähigkeit im Straßenverkehr erheblich beeinträchtigt ist, freifahrtberechtigt. Eine Befreiung vom Erwerb der Wertmarke ist mit dem Merkzeichen „Gl" nicht verbunden. Gehörlosen Menschen wird die Freifahrtberechtigung nicht wegen der Beeinträchtigung in ihrer Bewegungsfähigkeit, sondern zum Zweck der erleichterten Kommunikation eingeräumt.

Gehörlos sind nicht nur Hörbehinderte, bei denen Taubheit beiderseits vorliegt, sondern auch Hörbehinderte mit einer an Taubheit grenzenden Schwerhörigkeit beiderseits, wenn daneben schwere Sprachstörungen (schwer verständliche Lautsprache, geringer Sprachschatz) vorliegen. Das sind in der Regel Hörbehinderte, bei denen die an Taubheit grenzende Schwerhörigkeit angeboren oder in der Kindheit erworben worden ist.

Merkzeichen Bl – Der Ausweisinhaber ist blind

Die Blindheit wird durch das Merkzeichen „Bl" ausgewiesen; vgl. Teil A Nr. 6 Anlage zur VersmedV. Dem liegt der bundeseinheitlich geltende Begriff von Blindheit in § 72 SGB XII zugrunde, auf den im Schwerbehindertenrecht Bezug genommen wird.

Blind ist ein behinderter Mensch, dem das Augenlicht vollständig fehlt. Als blind ist auch ein behinderter Mensch anzusehen, dessen Sehschärfe auf keinem Auge und auch nicht beidäugig mehr als 0,02 (1/50) beträgt oder wenn andere Störungen des Sehvermögens von einem solchen Schweregrad vorliegen, dass sie dieser Beeinträchtigung der Sehschärfe gleichzustellen sind.

Folgende Sehbehinderungen sind insbesondere einer Blindheit gleichzusetzen:

- Einengung des Gesichtsfelds unter bestimmten Bedingungen
- große Skotome und Hemianopsien unter bestimmten Bedingungen (Gesichtsfeldausfälle)
- vollständiger Ausfalle der Sehrinde

Merkzeichen TBl – Taubblindheit

Für die Taubblindheit ist das Merkzeichen „TBl“ vorgesehen gemäß § 3 SchwbAwV. Nach den Gesetzesmaterialien ist das Merkzeichen „TBl“ für „taubblind“ einzutragen, „wenn der schwerbehinderte Mensch wegen einer Störung der Hörfunktion ein Grad der Behinderung von mindestens 70 und wegen einer Störung des Sehvermögens ein Grad der Behinderung von 100 anerkannt hat.“ Die Beeinträchtigungen der Teilhabe der vom Merkzeichen erfassten Personengruppe sind äußerst heterogen, sodass sich einheitliche konkrete Bedarfe nicht ermitteln lassen. Deswegen ist das Merkzeichen mit keinem konkreten bundesrechtlichen Nachteilsausgleich verbunden. Es kommt als Nachweis für die Rundfunkbeitragsbefreiung nach dem Rundfunkbeitragsstaatsvertrag in Betracht, sofern die für das Rundfunkwesen ausschließlich zuständigen Länder dies festlegen. Das Merkzeichen umfasst nicht automatisch die Nachteilsausgleiche für blinde und gehörlose Menschen wie z. B. Landesblindengeld, Landesgehörlosengeld oder steuerliche Nachteilsausgleiche. Deshalb werden die Merkzeichen „Bl“ (blind) und „GL“ (gehörlos) bei Vorliegen der jeweiligen Voraussetzungen zusätzlich zum Merkzeichen „TBl“ in den Schwerbehindertenausweis eingetragen.

Merkzeichen Rf – Befreiung von der Rundfunkgebührenpflicht

Die Anforderungen zur Befreiung von der Rundfunkengebührenpflicht sind jetzt im Rundfunkgebührenstaatsvertrag bzw. in den auf staatsvertraglichen Vereinbarungen beruhenden landesrechtlichen Verordnungen der Länder enthalten. Die zuständigen Sozialbehörden entscheiden aber nach wie vor über die gesundheitlichen Voraussetzungen für die Befreiung (vgl. § 152 Abs. 4 SGB IX). Über die Rundfunkgebührenbefreiung als solche hat im Anschluss daran die zuständige Rundfunkgebührenanstalt zu entscheiden, die an die Feststellungen der Sozialbehörden gebunden ist.

Die Anforderungen an die gesundheitlichen Voraussetzungen sind durch die Rechtsprechung hochgesteckt worden. Der Personenkreis muss allgemein von öffentlichen Zusammenkünften ausgeschlossen sein. Es genügt nicht, dass sich die Teilnahme an einzelnen, nur gelegentlich stattfindenden Veranstaltungen bestimmter Art verbietet. Behinderte Menschen, die noch in nennenswertem Umfang an öffentlichen Veranstaltungen teilnehmen können, erfüllen die Voraussetzungen nicht. Die zeitweilig mögliche Teilnahme an öffentlichen Veranstaltungen erfüllt die Voraussetzungen des Merkzeichens Rf hingegen nicht, wie z. B. bei Einschränkungen durch gelegentliche Harn- oder Stuhlinkontinenzen. Die Zuerkennung des Merkzeichens Rf kommt auch dann nicht in Betracht, wenn der behinderte Mensch noch mit Hilfsmitteln an öffentlichen Veranstaltungen teilnehmen kann.

Die Unmöglichkeit der Teilnahme an öffentlichen Veranstaltungen liegt demnach nur vor, wenn der behinderte Mensch wegen seines Leidens ständig, d. h. allgemein und umfassend, vom Besuch ausgeschlossen ist; also allenfalls an einem nicht nennenswerten Teil der Gesamtheit solcher Veranstaltungen teilnehmen kann. Danach muss der behinderte Mensch praktisch an das Haus gebunden sein.

Neben intensiven körperlichen können auch geistig-seelische Teilnahmehindernisse die o. g. Voraussetzungen für den Nachteilsausgleich „Rf“ erfüllen, wenn sie zu einer faktischen Bindung an das Haus führen. Das Merkzeichen Rf kann einem Menschen mit Behinderung auch bei einem GdB von weniger als 80 zuerkannt werden, wenn ein gesundheitlich bedingter Härtefall vorliegt. Dies ist der Fall, wenn diese Person wegen eines besonderen psychischen Leidens an öffentlichen Veranstaltungen ständig nicht teilnehmen kann.

Der Ausweis: Ausstellung, Gültigkeitsdauer, Änderung, Einziehung, Verlust

Nach § 152 Abs. 5 SGB IX stellen die zuständigen Behörden auf Antrag des behinderten Menschen aufgrund einer Feststellung der Behinderung einen Ausweis über die Eigenschaft als schwerbehinderter Mensch, den Grad der Behinderung sowie weitere gesundheitliche Merkmale aus. Der Ausweis dient dem Nachweis für die Inanspruchnahme von Leistungen und sonstigen Hilfen, die schwerbehinderten Menschen nach dem SGB IX oder nach anderen Vorschriften zustehen. Die Gültigkeitsdauer des Ausweises ist befristet. Der Ausweis wird gemäß § 6 Abs. 2 SchwbAwV grundsätzlich für längstens fünf Jahre bei Erwachsenen ausgestellt.

> **Wichtig:** Denken Sie bitte rechtzeitig an die Verlängerung des Ausweises. Etwa drei Monate vor Ablauf sollten Sie sich darum kümmern.

Auf die sonstigen Bestimmungen, insbesondere für behinderte Menschen unter 20 Jahren, wird auf die Regelungen der SchwbAwV verwiesen, wie im Übrigen auch für nichtdeutsche schwerbehinderte Menschen.

5

Er wird eingezogen, sobald der gesetzliche Schutz schwerbehinderter Menschen erloschen ist. Der Ausweis wird berichtigt, sobald eine Neufeststellung unanfechtbar geworden ist.

§ 152 Abs. 5 SGB IX statuiert weitere Verfahrensregelungen bezüglich der Ausstellung des Schwerbehindertenausweises, dessen Gültigkeitsdauer, Einziehung und Berichtigung. Der Schwerbehindertenausweis wird auf Antrag des behinderten Menschen ausgestellt, womit die persönliche Dispositionsfreiheit des Einzelnen herausgestellt wird. Die Regelung entspricht dem Antragsprinzip für die Feststellung der Behinderung. Nach § 64 SGB X werden dem Antragsteller keine Gebühren für das Ausstellen des Ausweises in Rechnung gestellt. Wesentlicher Inhalt des Ausweises ist die Beurkundung der Schwerbehinderteneigenschaft.

Der Antragsteller erhält vom Versorgungsamt einen rechtsfähigen Bescheid mit folgendem Inhalt:

- die vom Amt anerkannten Behinderungen
- der Gesamt-GdB
- der Zeitpunkt des Beginns der Behinderung
- die Feststellung, ob eine Schwerbehinderung im Sinne des SGB IX vorliegt
- Information, ob ein Ausweis ausgestellt werden kann
- Information, ob eine dauerhafte Einbuße der körperlichen Beweglichkeit vorliegt
- die Merkzeichen für die Inanspruchnahme von Nachteilsausgleichen
- die geltend gemachte, jedoch nicht anerkannte Gesundheitsstörung

- Gesundheitsstörungen ohne Funktionsbeeinträchtigung, die daher nicht berücksichtigt wurden
- Rechtsbehelfsbelehrung
- Hinweise zur Anzeigepflicht zur Änderung (Besserung/Verschlechterung) der anerkannten Behinderungen

Einen Bescheid erhält der Antragsteller auch, wenn der GdB weniger als 50 beträgt.

Manche Elemente aus der Begründung des Feststellungsbescheids spiegelt der Ausweis nicht wider. Dokumentiert wird hingegen der GdB sowie – im Falle der Feststellungen gemäß § 152 Abs. 4 SGB IX – der Nachweis über weitere gesundheitliche Merkmale. Die Urkundsfunktion erfüllt der Ausweis im Rechtsverkehr, also jedem Dritten gegenüber (Arbeitgeber, Behörden, Gerichten, Rundfunkanstalten usw.).

Der Ausweis dient als Urkundenbeweis i. S. d. §§ 415, 417 ZPO. Dies hat z. B. zur Folge, dass im Kündigungsschutzprozess die mit dem Ausweis nachgewiesene Schwerbehinderteneigenschaft feststeht und hinsichtlich ihrer Voraussetzungen eine weitere rechtliche Überprüfung nicht erfolgt.

Die Bindungswirkung des Ausweises in Bezug auf den Nachweis, dass die Voraussetzungen für die Befreiung von der Rundfunkgebührenpflicht erfüllt werden, ist geklärt. Mithilfe des Ausweises kann daher der Nachweis geführt werden, dass Anspruch auf die einzelnen Nachteilsausgleiche besteht.

Verlust des Ausweises

Wurde der Ausweis verloren, muss dies dem Versorgungsamt gemeldet werden. Der Betroffene muss der Meldung ein Passbild beifügen. Außerdem muss die Meldung eine kurze Erklärung über den Verlust des bisherigen Ausweises enthalten.

Bei Diebstahl oder Raub ist eine Kopie der polizeilichen Bescheinigung über abhandengekommene Ausweispapiere beizulegen.

> ***Praxis-Tipp:***
>
> *Die vorstehenden Ausführungen beziehen sich darauf, dass Sie die Angelegenheit postalisch erledigen. Wenn Sie beim Versorgungsamt persönlich*

vorsprechen, müssen Sie lediglich ein Passbild mitbringen. Wenn Ihnen der Ausweis gestohlen oder geraubt wurde, dann bringen Sie bitte zusätzlich die polizeiliche Bescheinigung mit.

Das Widerspruchsverfahren

Prüfung des Feststellungsbescheides

Die zuständige Behörde trifft die Entscheidung als Verwaltungsakt gemäß § 31 SGB X. Bei der GdB-Feststellung handelt es sich um einen Verwaltungsakt mit Dauerwirkung.

5 Es kann durchaus vorkommen, dass der Bescheid nicht nach den Erwartungen des Antragstellers ausgefallen ist. Die Enttäuschung ist groß und die Frage einer ungerechten Behandlung steht im Raum.

Am besten zeigt der Betroffene seinen Bescheid zuerst seinem behandelnden Arzt. Er war – wie eingehend beschrieben – an der Entscheidung des Versorgungsamts über die Schwerbehinderteneigenschaft zwingend beteiligt. Er führte ggf. mit dem Betroffenen vor der Antragstellung ein Beratungsgespräch über seine Gesundheitsstörungen, beschrieb seine Leiden in einem Befundbericht und stellte dem Versorgungsamt die als Nachweis dienenden Untersuchungsbefunde zur Verfügung.

Den behandelnden Arzt trifft nicht die Schuld am Bescheid des Versorgungsamts. Er haftet vor dem Gesetz lediglich für seine Atteste oder Befundberichte, diese müssen wahrheitsgemäß erstellt worden sein.

Der behandelnde Arzt kann jedoch sachkundig den unbefriedigenden Feststellungsbescheid bezüglich der medizinischen Voraussetzungen der Anerkennung der Schwerbehinderteneigenschaft überprüfen und seinen Patienten umfassend beraten.

Prüfung der formellen Richtigkeit des Feststellungsbescheids

- Haben Sie alle Ihre Gesundheitsstörungen angegeben?
- Sind alle angegebenen Gesundheitsstörungen durch aktuelle ärztliche Befunde belegt?

- In dem „Feststellungsbescheid“ sollten Sie alle angegebenen Gesundheitsstörungen unter Abschnitt 1 als anerkannte und unter 7 oder 8 als nicht anerkannte Behinderungen wiederfinden.
- Waren für den Gutachter des Versorgungsamts aus den vorgelegten Untersuchungsbefunden die bei Ihnen vorliegenden Funktionsstörungen und Behinderungen eindeutig zu erkennen (Krankheitsstadium, Komplikationen, usw.)? Viele Untersuchungsbefunde beinhalten die Beschreibung der pathologischen Veränderungen und die Diagnosen, jedoch nicht die tatsächlich bestehenden Funktionsstörungen des Patienten im Alltag.
- Wurde vom Gutachter des Versorgungsamts – der Sie weder gesprochen noch untersucht hat (Aktengutachten) – eine Funktionsstörung missverständlich interpretiert?
- Ist der im Bescheid bezeichnete Zeitpunkt der Behinderung richtig?
- Wurde Ihnen das beantragte Merkzeichen zugesprochen?

Dem Bescheid ist nicht zu entnehmen, mit welchen Teil-GdB die einzelnen anerkannten Behinderungen gewürdigt wurden. Dies erfährt der Antragsteller nur über einen Antrag auf Akteneinsicht beim Versorgungsamt. Die einzelnen Teilbewertungen führen zur Feststellung des Gesamt-GdB, der maßgeblich ist für die Anerkennung der Schwerbehinderung.

Der Hausarzt kann in manchen Fällen gut einschätzen, ob ein Widerspruch die richtige Entscheidung ist oder besser ein Neuantrag, der beispielswiese bei chronischen Erkrankungen bereits nach einem halben Jahr eine Verschlimmerung der Funktionsstörung aufweisen kann. Es ist zu bedenken, dass ein Widerspruchsverfahren in einzelnen Fällen bis zu anderthalb Jahre dauern kann.

Sollte der Antragsteller zu der Überzeugung kommen, dass er gegen den Bescheid des Versorgungsamts einen Widerspruch einreichen will, kann sich sein behandelnder Arzt bereiterklären, den Widerspruch mit medizinischen Argumenten auszustatten oder diese in einem ärztlichen Gutachten abzufassen, um beispielsweise

- nicht geltend gemachte Erkrankungen nachträglich anzuzeigen,
- nicht berücksichtigte Funktionseinbußen bei geltend gemachten Erkrankungen zu beanstanden,
- während des Anerkennungsverfahrens neu gewonnene diagnostische Erkenntnisse über den Schweregrad der geltend gemachten Erkrankungen einzubringen, um einen niedrigen Teil-GdB zu korrigieren,
- den Beginn der Behinderung bei rückwirkender Anerkennung zu korrigieren.

Darüber hinaus kann auch ein auf Sozialrecht spezialisierter Anwalt
 oder Verbandsvertreter zu Rate gezogen werden.

Begründung des Widerspruchs

Der Widerspruch sollte fundiert begründet werden. Das Gefühl, ungerecht behandelt worden zu sein oder dass ein Bekannter für scheinbar gleiches Leiden einen höheren Grad der Behinderung zuerkannt bekommen hat, reicht zur Begründung eines Widerspruchs nicht aus.

Grundsätzlich ist anzunehmen, dass das Versorgungsamt den Antrag auf Anerkennung von Behinderungen anhand der eingereichten Unterlagen sorgfältig und gewissenhaft im Rahmen des § 20 SGB X geprüft hat.

Ein Widerspruch ist deshalb nur dann sinnvoll, wenn er gut begründet werden kann, d. h., auch nachgeschobene Gesundheitsstörungen müssen nachweisbar sein, ebenso wie die Behauptung, dass eine Funktionsstörung mit einem höheren Teil-GdB bewertet werden soll.

Der Widerspruchsbescheid

Im Widerspruchsverfahren (sog. Vorverfahren), welches vor einer Klageerhebung zwingend vorgeschrieben ist, wird dasselbe Versorgungsamt, das den Feststellungsbescheid erlassen hat, sich nochmals mit den Gesundheitsstörungen befassen. Wenn die neuen Erkenntnisse, z. B. nachgereichte Untersuchungsbefunde, ausreichen, kann der bisherige GdB oder Teil-GdB korrigiert oder heraufgesetzt werden. Hierüber wird ein Abhilfe- oder ein Teilabhilfebescheid nach § 86 SGG erteilt.

Wenn das Versorgungsamt den Widerspruch negativ bescheidet, wird dem Antragsteller ein Widerspruchsbescheid zugestellt, der die Begründung der Entscheidung und eine Rechtsbehelfsbelehrung mit Nennung des zuständigen Sozialgerichts für eine evtl. Klage enthält. Die Klage ist innerhalb eines Monats zu erheben.

> ***Praxis-Tipp:***
>
> *Vor der Begründung Ihres Widerspruchs sollten die Teil-GdBs, d. h. die Bewertung der einzelnen Gesundheitsstörungen, durch Antrag auf Akteneinsicht in Erfahrung gebracht werden.*

Recht auf Akteneinsicht

Nach § 25 SGB X haben Antragsteller das Recht auf Akteneinsicht beim zuständigen Versorgungsamt. Das Amt hat lediglich zu prüfen, ob dem Antragsteller aus der Kenntnis des medizinischen Akteninhalts Nachteile gesundheitlicher Art entstehen können. In solch einem Fall kann der Inhalt der Unterlagen durch einen Arzt vermittelt werden.

Der gerichtliche Weg

Die Klage

Klagebefugt ist nur der behinderte Mensch. Dem Arbeitgeber steht kein Widerspruchs- oder Klagerecht gegen die Feststellung der Schwerbehinderteneigenschaft durch das Versorgungsamt zu. Kläger können sich im kostenfreien sozialgerichtlichen Verfahren durch Rechtsschutzsekretäre der Gewerkschaften, durch Rechtsanwälte oder sonstige zugelassene Rechtsbeistände vertreten lassen. Ihre Rechte können Kläger auch mit ihrem Einverständnis durch einen Behindertenverband geltend machen.

In der Klageschrift sollte man darauf achten, dass folgende Punkte zum Ausdruck kommen.

Inhalt der Klage

Worum geht es bei der Klage, welchen Feststellungen des Feststellungsbescheids des Versorgungsamts wird widersprochen?

Beispiel:

Ich widerspreche der Feststellung, dass mein Bandscheibenschaden nur mit 20 Prozent Teil-GdB gewürdigt wurde.

Begründung des Widerspruchs

Womit wird der Widerspruch gegen die einzelnen Feststellungen begründet?

Beispiel:

Es handelt sich bei meinem Bandscheibenschaden um Bandscheibenvorfälle an zwei verschiedenen Abschnitten der Wirbelsäule, außerdem wurden Komplikationen wie Nervenkompression und angeborene Fehlhaltung nicht berücksichtigt.

Die Behauptungen müssen mit ärztlichen Untersuchungsbefunden (orthopädische Berichte, Röntgen-, CT-Bilder etc.) belegt werden. Der Kläger kann auch Zeugen benennen. Die Beweismittel sollten klar und eindeutig sein. Auch wenn das Sozialgericht den Sachverhalt von Amts wegen aufklärt, ist dringend zu empfehlen, im Prozess aktiv mitzuwirken und selbst die notwendigen Informationen, ggf. ärztliche Untersuchungsbefunde, Atteste oder Gutachten zu besorgen.

Auf die Wichtigkeit einer sehr sorgfältigen Klagebegründung ist besonders hinzuweisen.

Die Aufklärungspflicht der Sozialgerichte

Der vorsitzende Richter der Kammer ist verpflichtet, die Einzelheiten des Falls festzustellen und aufzuklären.

Das Sozialgerichtsgesetz (§ 106 SGG) unterscheidet sich hier wesentlich von den Vorschriften der Zivilprozessordnung. Dort müssen die Beteiligten (Kläger und Beklagter) von sich aus alle Beweismittel vorlegen bzw. benennen. Im Sozialgerichtsprozess ist dies anders.

Zur Durchführung der Aufklärungspflicht des Gerichts kann dieses insbesondere

- um Überlassung von Urkunden ersuchen,
- Dokumentationen von ärztlichen Untersuchungen, Röntgenbildern etc. hinzuziehen,
- Auskünfte jeglicher Art einholen,
- Zeugen und Sachverständige vernehmen oder auch eidlich durch den Richter vernehmen lassen,
- die Inaugenscheinnahme sowie die Begutachtung durch Sachverständige anordnen und ausführen,
- andere Sachverständige vorladen und
- einen Termin anberaumen, das persönliche Erscheinen der Beteiligten (auch des Klägers) anordnen und den Sachverhalt mit diesen erörtern.

Ärztliche Begutachtung

Die meisten Widersprüche und Klagen werden wegen medizinischer und nicht wegen formeller Gründe erhoben.

In der Regel beauftragen die Gerichte im Laufe des Prozesses einen ärztlichen gerichtlichen Sachverständigen.

Ein unabhängiger Gutachter kann nicht nur vom Gericht, sondern auch vom Kläger vorgeschlagen werden (§ 109 SGG). Dieses ärztliche Gutachten ist kein Partei- oder Privatgutachten, sondern gilt als eine Beweiserhebung durch das Gericht, um den Sachverhalt besser aufklären zu können.

Der ärztliche Gutachter (bzw. gerichtliche Sachverständige) hat den behinderten Mensch nach richterlichen Vorgaben zu untersuchen, um seine geltend gemachten Gesundheitsstörungen nach eigenem Eindruck und eigenen Feststellungen zu bewerten. Die Vorgaben sollen auf die bei dessen gegebenen gesundheitlichen Besonderheiten Rücksicht nehmen.

Grundlagen der Begutachtung sind:

- der Feststellungsbescheid des Versorgungsamts über die Behinderungen des Klägers
- der Widerspruch gegen den Feststellungsbescheid
- der Widerspruchsbescheid des Versorgungsamts

- die in der Klageschrift formulierten Einwände gegen die im Widerspruchsbescheid beschriebenen Feststellungen des Versorgungsamts
- weitere ärztliche Untersuchungsbefunde zu bereits geltend gemachten oder im Verfahren neu aufgetretenen oder verschlimmerten Behinderungen
- persönliche Feststellungen des Gutachterarztes bei der gutachterlichen Untersuchung

Der Gutachter hat bei seiner ärztlichen Untersuchung eine andere Aufgabe als der Hausarzt. Er prüft die durch die vorliegenden Erkrankungen verursachten Funktionsstörungen und Behinderungen und setzt diese quantitativ in Beziehung mit dem vom Gesetzgeber gebotenen Nachteilsausgleich und den angebotenen Teilhabemöglichkeiten.

Dagegen haben alle behandelnden Ärzte, Fach- oder Klinikärzte des behinderten Menschen einschließlich des Hausarztes die Aufgaben, seine Beschwerden abzuklären, die verursachenden Krankheiten zu diagnostizieren und zu behandeln.

Es ist dringend ratsam, spätestens vor dem Widerspruch gegen einen Feststellungsbescheid des Versorgungsamts für die notwendige Klarheit über die Gesundheitsstörungen zu sorgen. In dieser Weise kann dann auch der Gutachter bei seiner Arbeit unterstützt werden.

> **Wichtig:** Es besteht für Sie Mitwirkungspflicht. Für den gesamten Bereich des Sozialrechts sind die Mitwirkungspflichten im Sozialgesetzbuch geregelt (§§ 60 ff. SGB I). Der Sozialleistungsträger kann vom Antragsteller verlangen, dass er sich ärztlichen und psychologischen Untersuchungsmaßnahmen unterzieht.

Nach Abschluss der Beweisaufnahme wird vom Richter entweder ein „Termin zur Erörterung“ festgesetzt, an dem eine Einigung der Parteien (Kläger und Versorgungsamt) möglich ist, oder die mündliche Verhandlung anberaumt. Hier kann der Kläger oder sein Rechtsvertreter die Argumente nochmals vortragen und den Argumenten des Versorgungsamts widersprechen. Am Schluss der mündlichen Verhandlung fällt das Gericht ein Urteil.

Das Gerichtsurteil

Das Sozialgericht entscheidet in der Regel durch Urteil (§ 125 SGG). Es kann, sofern in der Ladung auf diese Möglichkeit hingewiesen wurde, nach Lage der Akten entscheiden, wenn zu einem Termin keiner der Beteiligten erscheint oder beim Ausbleiben von Beteiligten die erschienenen Beteiligten dies beantragen.

Im Urteil müssen die Entscheidungsgründe ersichtlich sein (§ 136 SGG). Außerdem ist die Darstellung des Tatbestands erforderlich. Diese kann durch eine Bezugnahme auf den Inhalt der vorbereitenden Schriftsätze und auf die zur Sitzungsniederschrift erfolgten Feststellungen ersetzt werden, soweit sich auf ihnen der Sach- und Rechtstatbestand richtig und vollständig ergibt. In jedem Fall sind jedoch die erhobenen Ansprüche genügend zu kennzeichnen und die dazu vorgebrachten Angriffs- und Verteidigungsmittel ihrem Wesen nach hervorzuheben.

Das Gerichtsverfahren endet mit:

- der Anerkennung der Ansprüche, einem Vergleich bzw. einer Klagerücknahme bei fehlender Aussicht auf Erfolg
- der Kostenfestsetzung
- dem Hinweis auf Berufungsmöglichkeiten

Einstweiliger Rechtsschutz

Ist die Entscheidung über die Feststellung der Schwerbehinderteneigenschaft oder die Anerkennung von Nachteilsausgleichen besonders eilbedürftig, dann kommt eine einstweilige Anordnung des Sozialgerichts nach § 86b SGG in Betracht. Voraussetzung ist, dass eine solche Regelung zur Abwendung wesentlicher Nachteile nötig erscheint. Hierzu hat der Antragsteller

- das Bestehen des zu sichernden materiellen Anspruchs (Anordnungsanspruch) und
- die besondere Dringlichkeit des Erlasses der begehrten einstweiligen Anordnung (Anordnungsgrund) glaubhaft zu machen.

Die Sozialgerichte sind in der Regel äußerst zurückhaltend, den schwerbehinderten Menschen einstweiligen Rechtsschutz zu gewähren, und zwar auch dann, wenn die Schwerbehinderteneigenschaft streitig ist. Dies kann unter Umständen angezeigt sein, wenn die Feststellung des GdB von 50 zur Frage des Kündigungsschutzes eines Arbeitnehmers abhängig ist oder wenn das Merkzeichen aG begehrt wird, so liegt es nahe, einen einstweiligen Rechtsschutz zu befürworten. Immerhin geht es um eine Rechtsposition, die letztlich dazu dient, dem behinderten Menschen ein menschenwürdiges Leben zu ermöglichen.

Wann ist Berufung zulässig?

Berufung gegen die Entscheidung des Sozialgerichts kann nur erhoben werden, wenn dies im Urteil zugelassen ist (§ 144 SGG). Wird die Berufung ausgeschlossen, kann hingegen Beschwerde beim Sozialgericht oder Landessozialgericht eingelegt werden. Die Entscheidung hierüber fällt das Landessozialgericht.

Die Berufung ist beim Landessozialgericht innerhalb eines Monats nach Zustellung des Urteils einzureichen (§ 151 SGG). Die Frist ist also identisch mit der zur Einreichung einer Klage. Hier läuft der Monat von der Zustellung des Widerspruchsbescheids an.

Auch beim Landessozialgericht besteht die Aufklärungspflicht des Gerichts.

Im Berufungsverfahren vor einem Landessozialgericht spielt der medizinische Sachverständige eine wichtige Rolle. Er agiert im Auftrag und nach Vorgaben des Gerichts oder auf Antrag des Klägers, der zugelassen werden muss. Die Ausformulierung und inhaltliche Gestaltung des medizinischen sachverständigen Gutachtens richtet sich nach den Voraussetzungen und der Zielsetzung, welche bereits beim Sozialgerichtsverfahren beschrieben wurde. Der Gutachter hat sämtliche im laufenden Verfahren bereits erstellten medizinischen Gutachten zusätzlich zu den vom Kläger vorgetragenen und bei der Untersuchung gewonnenen Daten aufzuarbeiten und in seine gutachterlichen Feststellungen einfließen zu lassen.

Zielsetzung des ärztlichen Gutachters ist es, die Restgesundheit des behinderten Menschen und eine damit verbundene Restleistungsfähigkeit und daraus resultierende Einsetzbarkeit auf dem allgemeinen Arbeitsmarkt exakt festzustellen. Es ist vom Kläger zu beachten, dass Verschlimmerungen, Auftreten von Komplikationen und neu festgestellte Erkrankungen während des Verfahrens vorzutragen und nachzuweisen sind.

> **Wichtig:** Trotz der immensen Prozessbelastung kann nur eine positive Mitarbeit Ihrerseits den Gutachter in die Lage versetzen, Ihrem berechtigten Begehren zur Geltung zu verhelfen.

Wann ist Revision möglich?

Gegen die Entscheidung des Landessozialgerichts ist Revision vor dem Bundessozialgericht möglich. Hier besteht allerdings Anwaltszwang. Die Revision muss im Berufungsverfahren zugelassen werden. Gegen eine Nichtzulassung ist Nichtzulassungsbeschwerde vor dem Bundessozialgericht möglich (§§ 160, 160a SGG).

Das Bundessozialgericht klärt den Sachverhalt allerdings nicht mehr erneut auf. Es handelt sich hierbei um eine Rechtsinstanz. Es wird geprüft, ob das Landessozialgericht das geltende Recht richtig angewandt hat. Ist das Bundessozialgericht der Meinung, dass die Aufklärung durch die Vorinstanz nicht ausreichend erfolgte, wird der Fall an die Vorinstanz zurückverwiesen (§ 170 SGG).

> **Wichtig:** Wenn Kläger und Beklagter einverstanden sind, kann die zweite Instanz (Landessozialgericht) übergangen und gleich Revision als sog. Sprungrevision eingelegt werden (§ 161 SGG).

Gerichtskosten

Sowohl das Widerspruchsverfahren als auch der Gerichtsprozess sind im Bereich der Sozialgerichtsbarkeit kostenfrei. Es können allerdings Mutwillenskosten aufkommen, wenn das Verfahren beispielsweise verschleppt wird.

Das Gericht entscheidet im Urteil, ob dem Kläger Rechtsanwaltskosten ersetzt werden. Auch im Widerspruchsverfahren sind diese Kosten zu ersetzen, wenn der Widerspruch erfolgreich war (§ 63 SGB X).

Kostenfreiheit gilt allerdings nicht, wenn das Gericht nach § 109 SGG auf Antrag des Klägers einen vom Kläger bestimmten Arzt als Gutachter beauftragt. Ein solches Gutachten kann das Gericht davon abhängig machen, dass der Kläger die Gutachtenkosten vorschießt und vorbehaltlich einer anderen Entscheidung des Gerichts erklärt, die Kosten endgültig zu tragen.

Ein Gutachten nach § 109 SGG kann das Gericht ablehnen, wenn es der Ansicht ist, dass dieses nur zum Verschleppen des Verfahrens dient.

6.

Nachteilsausgleiche

Kündigungsschutz nach §§ 168 ff. SGB IX

Die Kündigung des Arbeitsverhältnisses eines schwerbehinderten oder eines gleichgestellten Arbeitnehmers durch den Arbeitgeber ist nur wirksam, wenn das Integrationsamt vorher zugestimmt hat. Dies gilt für die ordentliche und die außerordentliche Kündigung sowie für die Änderungskündigung. Darüber hinaus ist auch die Beendigung des Arbeitsverhältnisses eines schwerbehinderten Mitarbeiters zustimmungspflichtig, wenn sie bei Gewährung einer Rente wegen Berufs- bzw. Erwerbsunfähigkeit auf Zeit sowie teilweiser Erwerbsminderung oder voller Erwerbsminderung auf Zeit ohne Kündigung erfolgt. „Auf Zeit" bedeutet, dass der Rentenversicherungsträger die jeweilige Rente nur befristet genehmigt hat. Bei ordentlichen Kündigungen beträgt die Mindestkündigungsfrist vier Wochen.

Will der schwerbehinderte Arbeitnehmer sich auf den besonderen Kündigungsschutz berufen, muss er im Fall einer Kündigung gegenüber dem Arbeitgeber innerhalb der Frist von drei Wochen (Frist der Kündigungsschutzklage) die Schwerbehinderteneigenschaft beim Arbeitsgericht offenbaren. Beachtet er diese Frist nicht, kann er keinen Schutz mehr in Anspruch nehmen. Idealerweise sollte allerdings der Arbeitgeber schon beim Eintritt der Schwerbehinderteneigenschaft informiert werden, damit die bestehenden Regelungen zur Ausgleichsabgabe, den Fördermöglichkeiten und dem Präventionsverfahren greifen können. In einigen gesetzlich festgelegten Ausnahmefällen gilt der besondere Kündigungsschutz nicht, insbesondere wenn das Arbeitsverhältnis bei Zugang der Kündigung noch nicht länger als sechs Monate besteht.

Das Erfordernis der Zustimmung stellt für den schwerbehinderten Mitarbeiter einen zusätzlichen Rechtsschutz dar, der die mit der anerkannten Behinderung einhergehenden Beeinträchtigungen im Berufsleben ausgleichen soll.

Daneben steht ihm, wie jedem anderen Arbeitnehmer auch, der allgemeine arbeitsrechtliche Kündigungsschutz, etwa nach dem Kündigungsschutzgesetz (KSchG), zu.

Beim Zugang der Kündigung muss die Schwerbehinderteneigenschaft bzw. die Gleichstellung vorliegen. Grundsätzlich wird anerkannt, dass es ausreichend ist, wenn zum Zeitpunkt des Zugangs der Kündigung der Nachweis der Eigenschaft der Schwerbehinderung bewiesen wurde.

Der Sonderkündigungsschutz ist unabdingbar. Der schwerbehinderte Mensch kann auf diesen Kündigungsschutz auch nicht verzichten. Darüber hinaus kann das Arbeitsverhältnis aber aus sonstigen Gründen enden, ohne dass das Sonderkündigungsrecht Anwendung findet (z. B. befristete Arbeitsverhältnisse).

Kündigt der schwerbehinderte Mensch selbst (Eigenkündigung), gilt der besondere Kündigungsschutz nicht. Dies gilt analog, wenn zwischen Arbeitnehmer und Arbeitgeber ein Aufhebungsvertrag (im gegenseitigen Einvernehmen) geschlossen wurde.

Wichtig: Der schwerbehinderte Mensch riskiert in einer solchen Konstellation, dass ihm vorübergehend die besonderen Hilfen für schwerbehinderte Menschen entzogen werden.

Das Integrationsamt muss auch nicht zustimmen, wenn der Arbeitsvertrag wegen

- Irrtum,
- arglistiger Täuschung oder
- widerrechtlicher Drohung

angefochten wird.

Es ist rechtlich umstritten, ob der schwerbehinderte Arbeitnehmer bei der Einstellung durch den Arbeitgeber verpflichtet ist, diesen über die Schwerbehinderteneigenschaft zu unterrichten.

Rechtlich ist dagegen völlig unstrittig, dass der Arbeitnehmer nur auf zulässige Fragen antworten muss. Ob die Frage zulässig ist, richtet sich danach, ob der Arbeitgeber an ihrer Beantwortung ein berechtigtes, billigenswertes und schutzwürdiges Interesse hat. Dies kann u. a. der Fall sein, wenn der Arbeitgeber aufgrund der Schwere der Tätigkeit diese Information braucht, um beurteilen zu können, ob der Arbeitnehmer für die Tätigkeit geeignet ist.

> ***Praxis-Tipp:***
>
> *Gewerkschaftlich organisierte Arbeitnehmer sollten in solchen Fällen vor der entscheidenden Besprechung mit dem (zukünftigen) Arbeitgeber mit ihrer Gewerkschaft sprechen. Ohne Zugehörigkeit zu einer Gewerkschaft können solche Fragen auch mit Behindertenorganisationen besprochen werden.*

Fehlt es an einem berechtigten Interesse des Arbeitgebers, muss der schwerbehinderte Mensch auf die Fragen nach der Schwerbehinderteneigenschaft nicht wahrheitsgemäß antworten. Dies gilt nicht nur bei der Einstellung, sondern auch während der ersten sechs Monate des Beschäftigungsverhältnisses, in denen eine Kündigung ohne Zustimmung des Integrationsamts durch den Arbeitgeber erfolgen kann.

6 Der Arbeitgeber kann beim Fehlen eines berechtigten Interesses den Arbeitsvertrag nicht wegen Irrtum oder arglistiger Täuschung des Arbeitnehmers anfechten.

Wichtig: Die Kündigungsfrist beträgt mindestens vier Wochen. Dabei ist gleichgültig, ob die Kündigung in den ersten sechs Monaten des Arbeitsverhältnisses oder danach – hier mit Zustimmung des Integrationsamts – ergeht.

Der Arbeitgeber ist verpflichtet, die Zustimmung zur Kündigung eines schwerbehinderten Menschen bei dem für den Sitz des Betriebs zuständigen Integrationsamt zu beantragen. Der Antrag ist schriftlich oder elektronisch zu stellen.

Das Integrationsamt holt eine Stellungnahme des Betriebsrats oder Personalrats und der Schwerbehindertenvertretung ein und hört den schwerbehinderten Menschen an. Das Integrationsamt wirkt in jeder Lage des Verfahrens auf eine gütliche Einigung hin.

Das Integrationsamt soll die Entscheidung, falls erforderlich, mittels mündlicher Verhandlung innerhalb eines Monats vom Tag des Eingangs des Antrags an treffen.

Die Entscheidung wird dem Arbeitgeber und dem schwerbehinderten Menschen zugestellt. Der Bundesagentur für Arbeit wird eine Abschrift der Entscheidung übersandt.

Erteilt das Integrationsamt die Zustimmung zur Kündigung, kann der Arbeitgeber die Kündigung nur innerhalb eines Monats nach Zustellung erklären.

Wichtig: Widerspruch und Anfechtungsklage gegen die Zustimmung des Integrationsamts zur Kündigung haben keine aufschiebende Wirkung.

Das Integrationsamt entscheidet grundsätzlich nach pflichtgemäßem Ermessen (§ 39 SGB I), ob die Kündigung zugelassen wird. § 172 SGB IX schränkt dieses Ermessen aber in bestimmten Fällen ein.

§

§ 172 SGB IX Einschränkungen der Ermessensentscheidung:

(1) $_1$Das Integrationsamt erteilt die Zustimmung bei Kündigungen in Betrieben und Dienststellen, die nicht nur vorübergehend eingestellt oder aufgelöst werden, wenn zwischen dem Tag der Kündigung und dem Tag, bis zu dem Gehalt oder Lohn gezahlt wird, mindestens drei Monate liegen. $_2$Unter der gleichen Voraussetzung soll es die Zustimmung auch bei Kündigungen in Betrieben und Dienststellen erteilen, die nicht nur vorübergehend wesentlich eingeschränkt werden, wenn die Gesamtzahl der weiterhin beschäftigten schwerbehinderten Menschen zur Erfüllung der Beschäftigungspflicht nach § 154 ausreicht. $_3$Die Sätze 1 und 2 gelten nicht, wenn eine Weiterbeschäftigung auf einem anderen Arbeitsplatz desselben Betriebes oder derselben Dienststelle oder auf einem freien Arbeitsplatz in einem anderen Betrieb oder einer anderen Dienststelle desselben Arbeitgebers mit Einverständnis des schwerbehinderten Menschen möglich und für den Arbeitgeber zumutbar ist.

(2) Das Integrationsamt soll die Zustimmung erteilen, wenn dem schwerbehinderten Menschen ein anderer angemessener und zumutbarer Arbeitsplatz gesichert ist.

(3) Ist das Insolvenzverfahren über das Vermögen des Arbeitgebers eröffnet, soll das Integrationsamt die Zustimmung erteilen, wenn

1. der schwerbehinderte Mensch in einem Interessenausgleich namentlich als einer der zu entlassenden Arbeitnehmer bezeichnet ist (§ 125 der Insolvenzordnung),
2. die Schwerbehindertenvertretung beim Zustandekommen des Interessenausgleichs gemäß § 178 Absatz 2 beteiligt worden ist,
3. der Anteil der nach dem Interessenausgleich zu entlassenden schwerbehinderten Menschen an der Zahl der beschäftigten schwerbehinderten Menschen nicht größer ist als der Anteil der zu entlassenden übrigen Arbeitnehmer an der Zahl der beschäftigten übrigen Arbeitnehmer und
4. die Gesamtzahl der schwerbehinderten Menschen, die nach dem Interessenausgleich bei dem Arbeitgeber verbleiben sollen, zur Erfüllung der Beschäftigungspflicht nach § 154 ausreicht.

6

Die Regelungen zum Kündigungsschutz gelten auch bei außerordentlicher Kündigung. Hier gelten allerdings die Ausnahmeregelungen des § 174 SGB IX:

§ 174 SGB IX Außerordentliche Kündigung:

[…] (2) $_{1}$Die Zustimmung zur Kündigung kann nur innerhalb von zwei Wochen beantragt werden; maßgebend ist der Eingang des Antrages bei dem Integrationsamt. $_{2}$Die Frist beginnt mit dem Zeitpunkt, in dem der Arbeitgeber von den für die Kündigung maßgebenden Tatsachen Kenntnis erlangt.

(3) $_{1}$Das Integrationsamt trifft die Entscheidung innerhalb von zwei Wochen vom Tag des Eingangs des Antrages an. $_{2}$Wird innerhalb dieser Frist eine Entscheidung nicht getroffen, gilt die Zustimmung als erteilt.

(4) Das Integrationsamt soll die Zustimmung erteilen, wenn die Kündigung aus einem Grund erfolgt, der nicht im Zusammenhang mit der Behinderung steht.

(5) Die Kündigung kann auch nach Ablauf der Frist des § 626 Absatz 2 Satz 1 des Bürgerlichen Gesetzbuchs erfolgen, wenn sie unverzüglich nach Erteilung der Zustimmung erklärt wird.

(6) Schwerbehinderte Menschen, denen lediglich aus Anlass eines Streiks oder einer Aussperrung fristlos gekündigt worden ist, werden nach Beendigung des Streiks oder der Aussperrung wieder eingestellt.

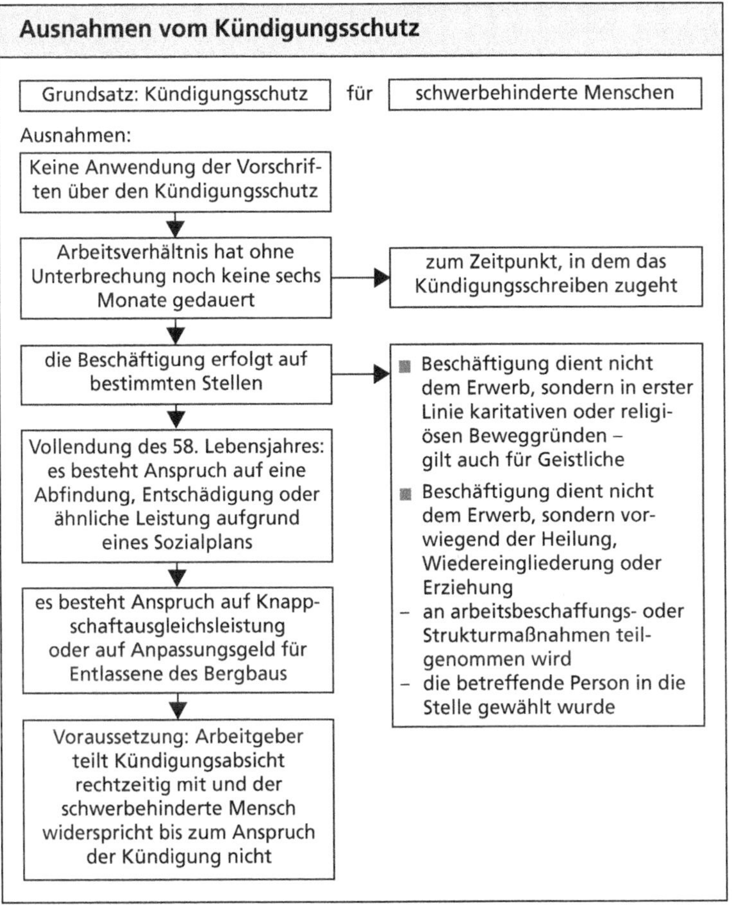

6

Nach § 175 SGB IX bedarf die Beendigung des Arbeitsverhältnisses eines schwerbehinderten Menschen auch dann der vorherigen Zustimmung des Integrationsamtes, wenn sie im Falle

- des Eintritts einer teilweisen Erwerbsminderung,
- der Erwerbsminderung auf Zeit,
- der Berufsunfähigkeit
- oder der Erwerbsunfähigkeit auf Zeit ohne Kündigung

erfolgt.

Die bisherigen Ausführungen über die Zustimmung zur ordentlichen Kündigung gelten entsprechend.

Beschäftigungspflicht der Arbeitgeber

Alle Arbeitgeber, die über jahresdurchschnittlich monatlich mindestens 20 Arbeitsplätze verfügen, müssen auf wenigstens fünf Prozent (Pflichtquote) der Arbeitsplätze schwerbehinderte Menschen beschäftigen. Bei der Berechnung der Arbeitsplätze zählen Ausbildungsplätze nicht mit. Das Gleiche gilt für Stellen, auf denen Rechts- oder Studienreferendare beschäftigt werden, die einen Rechtsanspruch auf Einstellung haben.

Bei der Berechnung sich ergebende Bruchteile von 0,5 und mehr sind aufzurunden, bei Arbeitgebern mit jahresdurchschnittlich bis zu 50 Arbeitsplätzen sind sie abzurunden.

Jeder Schwerbehinderte, der von einem Unternehmen beschäftigt wird, wird auf einen Pflichtarbeitsplatz für Schwerbehinderte angerechnet.

Das Gleiche gilt für einen schwerbehinderten Menschen, der in Teilzeitbeschäftigung kürzer als betriebsüblich, aber nicht weniger als 18 Stunden wöchentlich beschäftigt wird.

Wird ein schwerbehinderter Mensch weniger als 18 Stunden wöchentlich beschäftigt, lässt die Agentur für Arbeit die Anrechnung auf einen dieser Pflichtarbeitsplätze zu, wenn die Teilzeitbeschäftigung wegen Art und Schwere der Behinderung notwendig ist.

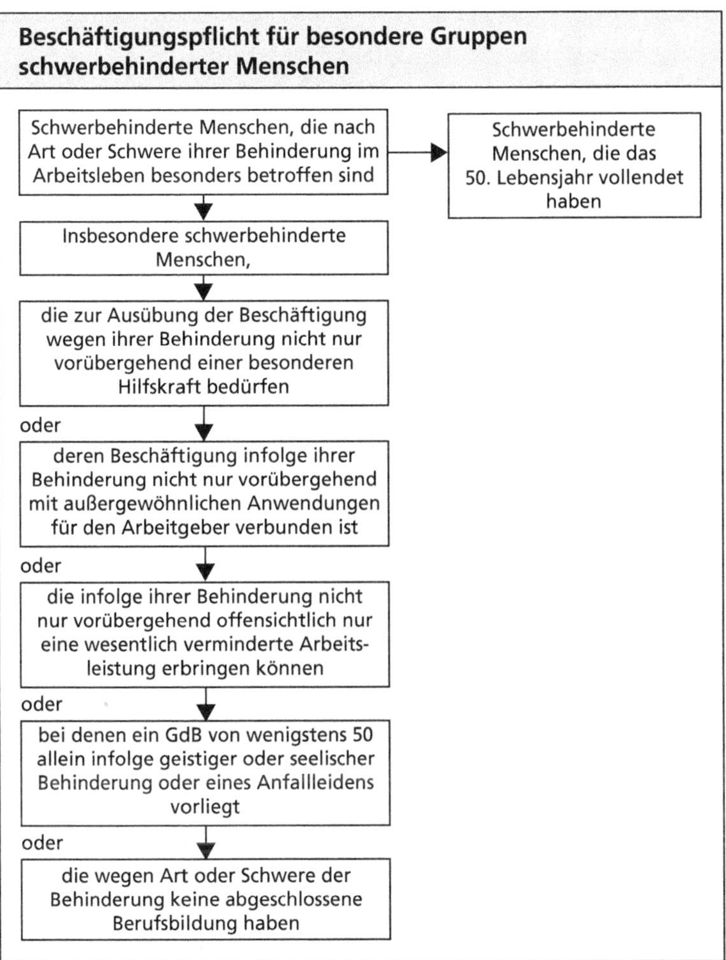

6

Solange Arbeitgeber die vorgeschriebene Zahl von Schwerbehinderten nicht beschäftigen, entrichten sie für jeden unbesetzten Pflichtarbeitsplatz für schwerbehinderte Menschen monatlich eine Ausgleichsabgabe.

> **Wichtig:** Die Zahlung der Ausgleichsabgabe hebt die Pflicht zur Beschäftigung schwerbehinderter Menschen nicht auf.

Mit Wirkung zum 1.1.2021 wurde die Ausgleichsabgabe erhöht und beträgt ab dem Erhebungsjahr 2021 monatlich je unbesetztem Pflichtarbeitsplatz:

- 140 Euro bei einer jahresdurchschnittlichen Beschäftigungsquote von 3 % bis weniger als 5 %,
- 245 Euro bei einer jahresdurchschnittlichen Beschäftigungsquote von 2 % bis weniger als 3 %,
- 360 Euro bei einer jahresdurchschnittlichen Beschäftigungsquote von weniger als 2 %.

Neu seit dem 01.01.2024: 720 Euro bei einer jahresdurchschnittlichen Beschäftigungsquote von 0 %.

Weitere Nachteilsausgleiche in Zusammenhang mit dem Beruf

Zusatzurlaub (§ 208 SGB IX)

Schwerbehinderte Menschen (nicht aber behinderte Menschen mit einem GdB von 30 oder 40, die von der Agentur für Arbeit einem schwerbehinderten Menschen gleichgestellt worden sind) erhalten einen Zusatzurlaub von einer Arbeitswoche im Jahr. Umfasst eine Arbeitswoche des schwerbehinderten Menschen z. B. fünf Arbeitstage, dann stehen ihm fünf Tage Zusatzurlaub zu. Umfasst sie vier Arbeitstage, dann beträgt der Zusatzurlaub vier Tage usw. Ist jedoch durch Tarifvertrag oder sonstige Regelung ein längerer Zusatzurlaub festgelegt, dann besteht ein Anspruch auf den längeren Zusatzurlaub. In dem Jahr, in dem die Schwerbehinderteneigenschaft eintritt, steht dem Angestellten ein anteilsmäßiger Zusatzurlaub zu: für jeden vollen Monat, in dem die Schwerbehinderteneigenschaft während des Arbeitsverhältnisses vorliegt, ein Zwölftel einer Arbeitswoche. Bruchteile von Urlaubstagen, die mindestens einen halben Tag ergeben, werden auf volle Tage aufgerundet. Verbleibende Bruchteile von weniger als einem halben Tag sind ohne Auf- oder Abrundung zu gewähren.

Falls der Grad der Behinderung unter 50 sinkt (Verlust der Schwerbehinderteneigenschaft), wird der in diesem Jahr zustehende Zusatzurlaub entsprechend berechnet.

Stellt das Versorgungsamt fest, dass der Antragsteller bereits im Vorjahr schwerbehindert war, kann der Zusatzurlaub wie Erholungsurlaub in das nächste Kalenderjahr übertragen werden.

Praxis-Tipp:

Erkundigen Sie sich nach der Höhe Ihrer Urlaubsansprüche:

- *beim Arbeitgeber bzw. beim Lohn- oder Gehaltsbüro*
- *beim Betriebs- oder Personalrat*
- *bei der für Sie zuständigen Gewerkschaft*
- *beim Arbeitsgericht – dort gibt es in der Regel eine Beratungsstelle für arbeitsrechtliche Angelegenheiten*

Freistellung von Mehrarbeit (§ 207 SGB IX)

Schwerbehinderte Menschen und ihnen von der Agentur für Arbeit Gleichgestellte sind auf Verlangen von Mehrarbeit freizustellen. Mehrarbeit ist diejenige Arbeit, die über die normale gesetzliche Arbeitszeit hinausgeht. Gesetzlich festgelegt ist eine tägliche Arbeitszeit von acht Stunden einschließlich Bereitschaftsdienst (§ 3 Arbeitszeitgesetz).

Eine generelle Befreiung von Nacht- und Schichtdienst ist damit nicht verbunden, kann sich aber im Einzelfall aus behinderungsbedingten Gründen ergeben.

Teilzeitarbeit

Schwerbehinderte Menschen haben einen Anspruch auf Teilzeitbeschäftigung, wenn die kürzere Arbeitszeit wegen Art und Schwere der Behinderung notwendig und dem Arbeitgeber zumutbar ist (§ 164 Abs. 5 SGB IX). Im Einzelnen ist die Teilzeitarbeit durch das Gesetz über Teilzeit und befristete Arbeitsverträge (TzBfG) geregelt.

Begleitende Hilfe im Arbeitsleben (§§ 17–29 SchwbAV)

Schwerbehinderte Menschen und ggf. ihnen Gleichgestellte sowie ihre Arbeitgeber können vom Inklusionsamt Leistungen zur begleitenden Hilfe im Arbeitsleben erhalten.

> **Wichtig:** Dies muss vor dem Beginn der Maßnahme bzw. vor dem Kauf des Hilfsmittels beim zuständigen Integrationsamt beantragt werden.

Die Leistungen werden je nach den Umständen des Einzelfalls in der Regel als Zuschüsse oder als Darlehen erbracht. Das Inklusionsamt ist im Rahmen der begleitenden Hilfen gegenüber Leistungen von Rehabilitationsträgern wie z. B. der Renten- oder Krankenversicherung oder der Bundesagentur für Arbeit nachrangig zuständig. Es sind insbesondere folgende Leistungen möglich:

Hilfe bei der Anschaffung von technischen Arbeitshilfen

Diese umfasst die Beschaffung technischer Arbeitshilfen einschließlich Wartung, Instandsetzung und Ausbildung im Gebrauch sowie Ersatzbeschaffung und Anpassung an die technische Weiterentwicklung. Technische Arbeitshilfen werden schwerbehinderten Arbeitnehmern gewährt. Die Höhe der Zuwendung richtet sich nach dem Einzelfall.

Hilfe zum Erreichen des Arbeitsplatzes

Diese umfasst Leistungen zur Beschaffung eines Kraftfahrzeugs, für eine behinderungsbedingte Zusatzausstattung sowie zur Erlangung der Fahrerlaubnis. Wichtigste Voraussetzung ist, dass der behinderte Mensch infolge seiner Behinderung dauerhaft auf die Benutzung eines Kraftfahrzeugs angewiesen ist, um seinen Arbeits- oder Ausbildungsort zu erreichen. Hierfür sind in erster Linie die Rehabilitationsträger (z. B. gesetzliche Kranken-, Unfall- oder Rentenversicherung) zuständig. Das Inklusionsamt ist hier als nachrangiger Leistungsträger in der Regel nur für Selbstständige und für Beamte zuständig.

Hilfe zur Gründung und Erhaltung einer selbstständigen beruflichen Existenz

Schwerbehinderte Menschen können Darlehen oder Zinszuschüsse zur Gründung und zur Erhaltung einer selbstständigen beruflichen Existenz erhalten (Leistungen zur Deckung von Kosten des laufenden Betriebes können jedoch nicht erbracht werden). Voraussetzung ist, dass der schwerbehinderte Mensch die persönlichen und fachlichen Voraussetzungen für die Ausübung der Tätigkeit erfüllt und mit dieser Tätigkeit seinen Lebensunterhalt auf Dauer sicherstellen kann, auch im Hinblick auf die Zweckmäßigkeit der Tätigkeit unter Berücksichtigung von Lage und Entwicklung des Arbeitsmarktes.

Hilfe zur Beschaffung, Ausstattung und Erhaltung einer behinderungsgerechten Wohnung

Es können Leistungen zur Beschaffung und Anpassung von Wohnraum und seiner Ausstattung an die besonderen behinderungsbedingten Bedürfnisse und zum Umzug in eine behinderungsgerechte oder erheblich verkehrsgünstiger zum Arbeitsplatz gelegene Wohnung gewährt werden, wenn dadurch die Eingliederung in das Arbeitsleben auf dem allgemeinen Arbeitsmarkt ermöglicht, erleichtert oder gesichert werden kann. Hierfür sind aber in erster Linie die Rehabilitationsträger (z. B. gesetzliche Kranken-, Unfall- oder Rentenversicherung) zuständig. Das Inklusionsamt ist hier als nachrangiger Leistungsträger in der Regel nur für bauliche Veränderungen außerhalb der Wohnung bei Selbstständigen und Beamten zuständig, durch die das Betreten oder Verlassen der Wohnung gewährleistet wird.

Hilfe zur Teilnahme an Maßnahmen zur Erhaltung und Erweiterung beruflicher Kenntnisse und Fertigkeiten

Schwerbehinderte Menschen können Zuschüsse für Aufwendungen erhalten, die durch die Teilnahme an Maßnahmen der inner- und außerbetrieblichen Bildung entstehen. Die Maßnahmen müssen zur Erhaltung und Erweiterung der beruflichen Kenntnisse und Fertigkeiten bzw. der Anpassung an die technische Entwicklung geeignet sein und können auch dem beruflichen Aufstieg dienen.

Leistungen zur behinderungsgerechten Einrichtung von Arbeits- und Ausbildungsplätzen

Arbeitgeber können Darlehen oder Zuschüsse für die notwendigen Kosten nachfolgender Maßnahmen erhalten:

- behinderungsgerechte Einrichtung und Unterhaltung der Arbeitsstätten, einschließlich der Betriebsanlagen, Maschinen und Geräte
- Einrichtung von Teilzeitarbeitsplätzen für schwerbehinderte Menschen, insbesondere wenn eine Teilzeitbeschäftigung von wenigstens 15 Stunden wöchentlich wegen der Art und Schwere der Behinderung notwendig ist

Übernahme der Kosten einer notwendigen Arbeitsassistenz

Voraussetzung für die Übernahme der Kosten einer Arbeitsassistenz ist vor allem, dass die Arbeitsassistenz aus medizinischer Sicht und im Zusammenhang mit der zu erbringenden Arbeitsleistung erforderlich ist. Außerdem muss sichergestellt sein, dass der Kernbereich der vertraglich vereinbarten Arbeitsleistung tatsächlich von dem schwerbehinderten Arbeitnehmer und nicht von der Arbeitsassistenz erbracht wird.

Schwerbehindertenvertretung

Die Schwerbehindertenvertretung (SBV) fördert im Betrieb oder in der Dienststelle die Teilhabe von schwerbehinderten Menschen am Arbeitsleben. Sie steht den schwerbehinderten Menschen helfend und beratend zur Seite, vertritt die berechtigten Interessen gegenüber dem Arbeitgeber und stellt für erforderliche Maßnahmen bei den zuständigen Stellen einen Antrag, vgl. § 178 Abs. 1 SGB IX.

Ab fünf schwerbehinderten Beschäftigten, die nicht nur vorübergehend beschäftigt sind, besteht ein Rechtsanspruch im Betrieb oder in der Dienststelle, eine Schwerbehindertenvertretung und ihre Vertretung zu wählen (§ 177 SGB IX).

Der schwerbehinderte Arbeitnehmer hat das Recht, bei Einsicht in die über ihn geführte Personalakte oder ihn betreffende Daten des

Arbeitgebers die Schwerbehindertenvertretung hinzuzuziehen. Die Schwerbehindertenvertretung bewahrt über den Inhalt der Daten Stillschweigen (Datenschutz), soweit sie der Betroffene nicht von dieser Verpflichtung entbunden hat.

Die Schwerbehindertenvertretung hat das Recht, an allen Sitzungen des Betriebs- oder Personalrats und deren Ausschüssen sowie des Arbeitsschutzausschusses beratend teilzunehmen. Sie kann beantragen, Angelegenheiten, die einzelne oder die schwerbehinderten Menschen als Gruppe besonders betreffen, auf die Tagesordnung der nächsten Sitzung zu setzen.

Sieht sie einen Beschluss des Betriebs- oder Personalrats als eine erhebliche Beeinträchtigung wichtiger Interessen schwerbehinderter Menschen oder wurde sie entgegen der obigen Ausführungen nicht beteiligt, wird auf ihren Antrag der Beschluss für die Dauer von einer Woche vom Zeitpunkt der Beschlussfassung an ausgesetzt.

Die Schwerbehindertenvertretung hat das Recht, mindestens einmal im Kalenderjahr eine Versammlung der Schwerbehinderten im Betrieb oder in der Dienststelle durchzuführen.

Zu erwähnen ist noch § 182 SGB IX. Danach arbeiten Arbeitgeber, Beauftragte des Arbeitgebers, Schwerbehindertenvertretung und Betriebs- oder Personalrat bezüglich der Teilhabe schwerbehinderter Menschen am Arbeitsleben im Betrieb oder in der Dienststelle eng zusammen.

Sonstige Vergünstigungen

Einkommenssteuer

Steuerfreibeträge können ab dem Veranlagungszeitraum 2021 alle Steuerpflichtigen ab einem Grad der Behinderung von 20 erhalten.

Vor dem Veranlagungszeitraum 2021 konnten diejenigen Steuerpflichtigen Steuerfreibeträge erhalten, die

- schwerbehindert sind (GdB 50 oder höher),
- behindert mit einem GdB zwischen 25 und 40 sind und bei denen die Behinderung zu einer dauernden Einbuße der körperlichen Beweglichkeit führt oder

- aufgrund der Behinderung mit einem GdB von 25 und mehr eine Rente oder andere laufende Bezüge aufgrund gesetzlicher Vorschriften beziehen.

Der Nachweis gegenüber dem Finanzamt wird durch Vorlage des Bescheids oder des Schwerbehindertenausweises oder einer Bescheinigung (bei GdB unter 50) geführt.

Steuerfreibetrag (sog. „Pauschbetrag")

Steuererleichterungen, Lohn- und Einkommensteuer, Pauschbetrag für behinderte Menschen (§ 33b Abs. 1–3 EStG): Wegen der außergewöhnlichen Belastungen, die behinderten Menschen unmittelbar infolge der Behinderung erwachsen, wird ein Pauschbetrag vom Einkommen
6 abgezogen (Behindertenpauschbetrag). Dies muss beim Finanzamt beantragt werden.

Der Pauschbetrag beträgt abhängig vom Grad der Behinderung und Merkzeichen:

GdB/Mz	Pauschbetrag alt	Pauschbetrag neu ab 2021
20	–	384 €
30	310 €	620 €
40	430 €	860 €
50	570 €	1140 €
60	720 €	1440 €
70	890 €	1780 €
80	1060 €	2120 €
90	1230 €	2460 €
100	1420 €	2840 €
H/Bl/TBl	3700 €	7400 €

Für das Anrecht auf die Steuererleichterung genügt es, wenn die Feststellung nach dem Schwerbehindertenrecht auch nur für einen Tag im Kalenderjahr gegolten hat.

Pauschbetrag für Pflegepersonen (§ 33b Abs. 6 EStG): Die Pflegeperson kann für die Pflege eines behinderten Menschen (z. B. eines Angehörigen), der hilflos ist (Merkzeichen H), wegen dieser außergewöhnlichen Belastung einen Pauschbetrag von 924 Euro im Kalenderjahr geltend machen (Pflegepauschbetrag), wenn sie dafür keine Einnahmen erhält. Unschädlich ist dabei, wenn die Eltern eines behinderten Kindes das Pflegegeld für dieses Kind erhalten. Die Pflege muss persönlich entweder in der Wohnung der Pflegeperson oder in der des behinderten Menschen erfolgen. Zur Unterstützung kann zeitweise eine ambulante Pflegekraft hinzugezogen werden, ohne dass dies zum Wegfall des Pflegepauschbetrags führt.

Im Kapitel 5 wird im Zusammenhang mit dem Merkzeichen auf die jeweils maßgebenden Nachteilsausgleiche hingewiesen.

Weitere Nachteilsausgleiche sind:

- Kosten für Privatfahrten: Bei behinderten Menschen mit einem GdB von mindestens 80 können auch Kraftfahrzeugkosten für Privatfahrten in angemessenem Umfang als außergewöhnliche Belastung nach § 33 EStG neben dem Pauschbetrag berücksichtigt werden. Das Gleiche gilt für behinderte Menschen mit einem GdB von 70 und dem Merkzeichen G.
- Kraftfahrzeugsteuer: Schwerbehinderte Personen, die hilflos (Merkzeichen H), blind (Merkzeichen Bl) oder außergewöhnlich gehbehindert (Merkzeichen aG) sind, werden auf Antrag vom Hauptzollamt von der Kraftfahrzeugsteuer für ein auf sie zugelassenes Kraftfahrzeug befreit. Zusätzlich können sie Freifahrten im öffentlichen Personenverkehr in Anspruch nehmen.
- Hundesteuer: Schwerbehinderte Menschen mit Merkzeichen Bl oder H sind in vielen Gemeinden von der Hundesteuer befreit. Da die Hundesteuer eine kommunale Steuer ist, kann es hier örtliche Unterschiede geben. Weitere Informationen erteilt die zuständige Gemeinde.
- Parkerleichterungen: Es gibt drei verschiedene Parkausweise für schwerbehinderte Menschen, die verschiedene Voraussetzungen haben und mit unterschiedlichen Parkberechtigungen verbunden sind:
  - einen internationalen blauen Parkausweis
  - einen orangefarbenen Parkausweis
  - einen dunkelblauen Parkausweis mit Vermerk, z. B. „nur BY“

- Preisnachlass beim Neuwagenkauf: Schwerbehinderten Menschen wird oftmals ein Preisnachlass beim Neuwagenkauf gewährt. Dieser kann bis zu 20 Prozent betragen. Dies ist jedoch vom Hersteller und vom Händler sowie teilweise auch vom Verhandlungsgeschick des Käufers abhängig. Häufig werden das Vorliegen des Merkzeichens G oder aG und/oder ein bestimmter Grad der Behinderung verlangt.
- Öffentliche Verkehrsmittel/Freifahrt: Schwerbehinderte Menschen mit Merkzeichen G, aG, H, Bl oder Gl können beim Versorgungsamt eine Wertmarke erwerben und damit Freifahrten im öffentlichen Personennahverkehr in Anspruch nehmen.

Die vorstehende Aufstellung ist – wie bereits erwähnt – im Zusammenhang mit den Ausführungen zu den einzelnen Merkzeichen (siehe
6 Kapitel 5) zu sehen. Sie erhebt keinen Anspruch auf Vollständigkeit. Es gibt noch zahlreiche regionale Besonderheiten, beispielsweise Preisermäßigungen beim Besuch von Museen, Zoos usw.

In Zusammenhang mit den Nachteilsausgleichen spielen die Integrationsämter eine besondere Rolle.

Stichwortverzeichnis